住宅断面詳細図集

精緻なディテール満載

田井幹夫 著

本書を発行するにあたって，内容に誤りのないようできる限りの注意を払いましたが，本書の内容を適用した結果生じたこと，また，適用できなかった結果について，著者，出版社とも一切の責任を負いませんのでご了承ください．

本書は，「著作権法」によって，著作権等の権利が保護されている著作物です．本書の複製権・翻訳権・上映権・譲渡権・公衆送信権（送信可能化権を含む）は著作権者が保有しています．本書の全部または一部につき，無断で転載，複写複製，電子的装置への入力等をされると，著作権等の権利侵害となる場合があります．また，代行業者等の第三者によるスキャンやデジタル化は，たとえ個人や家庭内での利用であっても著作権法上認められておりませんので，ご注意ください．

本書の無断複写は，著作権法上の制限事項を除き，禁じられています．本書の複写複製を希望される場合は，そのつど事前に下記へ連絡して許諾を得てください．

(社)出版者著作権管理機構
(電話 03-3513-6969, FAX 03-3513-6979, e-mail: info@jcopy.or.jp)

JCOPY ＜(社)出版者著作権管理機構 委託出版物＞

序

　独立後，最初に設計した住宅が2000年に完成してから，これまでの17年間で60軒を設計してきたことになる．

　その都度，誠心誠意に取り組み，一つとして流して設計したことはないと自負している．それぞれの敷地やクライアント，さまざまな条件に応じて，そのときできる精一杯のことを空間に詰め込んできた．できあがった住宅はそのすべてが個性的であり，何かしら新たな提案を入れ込もうと奮闘してきた結実である．振り返ってみると，うまくいっているものも，いっていないものもあり，若気の至りを反省したり，その勇気を称えたくなったりもする．

　この本では，これまでの仕事の中から22軒の住宅を取り上げ，断面詳細図によって各プロジェクトを俯瞰することを試みた．断面図というのは平面図とともに重要な位置づけであるのは当然だが，断面詳細図だけを推し出してまとめた本というのは過去にあまり見られないだろう．

　幸か不幸か都市住宅を設計する機会に恵まれてきたため，平屋ではない住宅がほとんどである．その際に，吹抜けが必ずといっていいほど採用されている．モダニズムの特徴として空間の連続性が挙げられるが，吹抜けの採用には，住宅としてのアクティビティの統合と混在が込められている．垂直方向の空間の連続性を断面詳細図に見出すことで，空気がどのようにつながり，アクティビティがどのように混ざり合い，生活がどのように期待されているかを読み込むことができるのではないだろうか．

　そして断面詳細図とともに，主要部分のディテール図を取り上げている．かつての師匠が，ある建物を評してこのようにいっていたことが強く記憶に残っている．

　「この建物は，全体性はよくできているが，デザインが手元まで降りてきていない！」

　ディテールがないわけではないが，それがスケールを超える際にどこかで途切れてしまっているということだ．人間の感覚というのは敏感だから，建物を外から眺めたときに感じた印象と，内部に入ったときに感じる細部のつくり方に違和感があればすぐに気づく．ここに連続性がないと建築全体としての説得力に至らないのだと，そのとき理解した．

　また，建築を学ぶ学生たちに常にいい続けていることがある．

　その場で目をつぶってみる——．そのときにいる空間は無意識に肌で感じているはずだ．空間の大きさ，壁や床，天井の素材は空気を伝わって皮膚に届き，それが空間認識として脳に達するのだ．目をつぶっても伝わるような空間を設計できるようになってほしい．自分がそのような空間をつくることができているのか確証はないが，それをめざしてつくっていることはたしかである．断面詳細図とディテール図を並列して見ることにより，空気の質のようなものが見えてくるとうれしく思う．

　その質の中に，住宅として新たな試みとともに，手元まで降りてくるディテールの連続性が含まれていると信じて．

田井幹夫

1章 木造住宅

千川の家
- SECTION 1　厚みのある境界が住宅に豊かさを与える……014
- SECTION 2　将来的な家族構成の変化に対応可能な無柱空間……016
- DETAIL　　　廻り縁下でゾロで仕上げる／手動で動かせる木ルーバーの折戸……018

中野大和町の家
- SECTION 1　斜線制限が厳しい狭小地の建物形状……022
- SECTION 2　狭小住宅の階段配置の考え方……024
- DETAIL 1　トップライトのディテールは極力シンプルに……026
- DETAIL 2　段板だけで架ける鉄骨ささら階段……028

秦野の家
- SECTION 1　10メートルスパンを可能にする木造トラス梁……032
- SECTION 2　大きなバタフライ屋根の下にさまざまな居場所を生み出す……034
- DETAIL 1　大きな木造トラスに取りつく諸要素のふるまい……036
- DETAIL 2　仕上げの切り替えを丁寧に設計する……038

和賀材木座の家 空の箱
- SECTION 1　三つのスペースが房状に接続する土間……042
- SECTION 2　門型フレームを現しで並べる……044
- DETAIL　　　部材内に呑み込ませてスッキリ見せるサッシュ納まり……046

秋谷の家
- SECTION 1　高さの違う床をつなぐように階段が上階へ導く……050
- SECTION 2　海を見渡す270°の大開口……052
- DETAIL　　　階段をオブジェとして見せるための工夫……054

佐野の大屋根
- SECTION 1　大きな方形屋根が一室空間に覆い被さったように……058
- SECTION 2　室内と縁側の連続性を支える木製建具……060
- DETAIL　　　先端に溝型鋼を設置してシャープな軒先空間に……062

狛江の家
- SECTION 1　地形の起伏を内部空間に取り込む……066
- SECTION 2　四つの箱と三つの庭を交互に配置する……068
- DETAIL　　　開口部廻りの見付は20ミリに統一させる……070

2章 木造＋RC造住宅

上大岡の家
- SECTION 1　視界の広がりは1/20模型でスタディする……076
- SECTION 2　ルーバー天井で南北に抜ける方向性を……078
- DETAIL　　　全面ルーバー開き戸による南側ファザード……080

材木座の家
- SECTION 1　中間領域としてのリビング空間……084
- SECTION 2　透明性の高い空間を内包する門型フレーム……086
- DETAIL　　　大開口には開閉やメンテナンスのためにキャットウォークを設ける……088

住宅断面詳細図集 ― 目次

千川の家

ロフト平面図

2F平面図

1F平面図

中野大和町の家

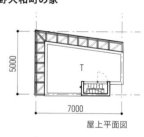

屋上平面図

3F平面図

2F平面図

1F平面図

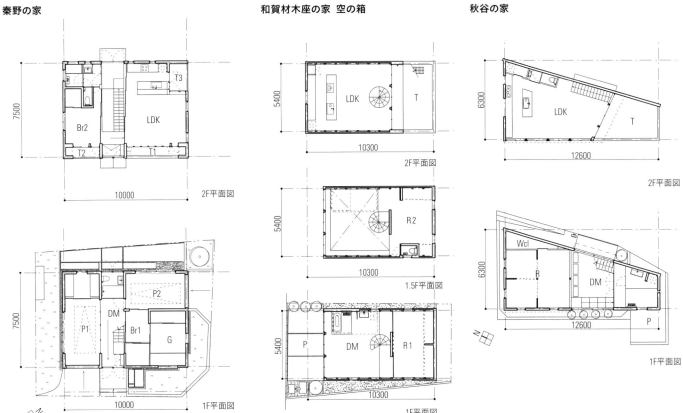

千歳船橋の家
- **SECTION 1** 製材を3層・格子状に重ねて屋根版とする…… 092
- **SECTION 2** 南北に大きく突き出した片流れ屋根…… 094
- **DETAIL** 片持ちで2700ミリ張り出した外観の立面計画…… 096

東小岩の家
- **SECTION 1** 逆梁の床と切妻屋根によってつくられる大空間…… 100
- **SECTION 2** 凹状のテラスが光と風を呼び込む…… 102
- **DETAIL** 水廻りは必ず詳細図で寸法を追いかける…… 104

海老名の家
- **SECTION 1** RC薄肉ラーメン構造の二世帯住宅…… 108
- **SECTION 2** 層によって異なる素材の仕上げと空間のボリューム…… 110
- **DETAIL** 素材を対比的に見せる鉄骨階段…… 112

西荻の家
- **SECTION 1** 球体式ヴォイドスラブのキャンティレバー…… 116
- **SECTION 2** RC壁に寄りかかるL型の木造+ペントハウス…… 118
- **DETAIL** 見上げ時にフラットになる階段…… 120

代々木西原の家
- **SECTION 1** RCのかたさと木造のやわらかさが混在するLDK…… 124
- **SECTION 2** 富士山を望む非日常的な水廻り空間…… 126
- **DETAIL** 階段に街に住まうことの意味を込める…… 128

甲府の家
- **SECTION 1** 放射状の梁の下に展開するさまざまな場…… 132
- **SECTION 2** ダイナミックな移動空間としてのギャラリー…… 134
- **DETAIL** 空間のイメージを伝えるための棒矩計図…… 136

浦和競馬場の家
- **SECTION** 異なる世界を三つの構造で成立させる…… 140
- **DETAIL** フィーレンデールトラスは構造や環境などさまざまな要素を担う…… 142

相生の家
- **SECTION** 構造は内部空間から感知できるように…… 146
- **DETAIL** ピンジョイントで軽快に見せる列柱詳細…… 148

諏訪山の家
- **SECTION 1** 柱型・梁型のないRC薄肉ラーメン構造…… 152
- **SECTION 2** 天井高のメリハリによる空間の抑揚…… 154
- **DETAIL** シンプルな庇と彫刻的な階段…… 156

3章 RC造住宅

羽根木の木の箱
- **SECTION 1** 七つのレベルをもつスキップフロアと縦に貫く階段の構成…… 162
- **SECTION 2** 半地下はドライエリアや横連窓から光や風を呼び込む…… 164
- **SECTION 3** 景色に開かれた空間の枠廻りは特に気を配る…… 166
- **DETAIL** 枠廻りディテールで外観イメージが決まる…… 168

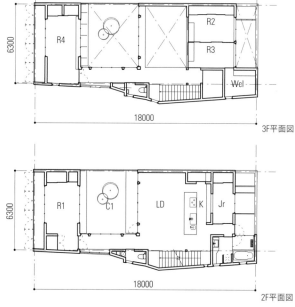

上大岡の家

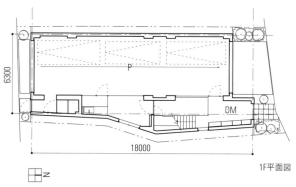

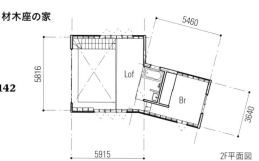

材木座の家

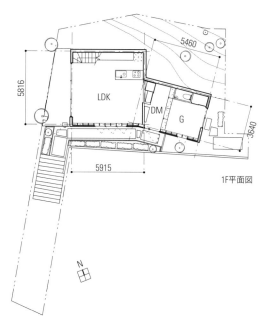

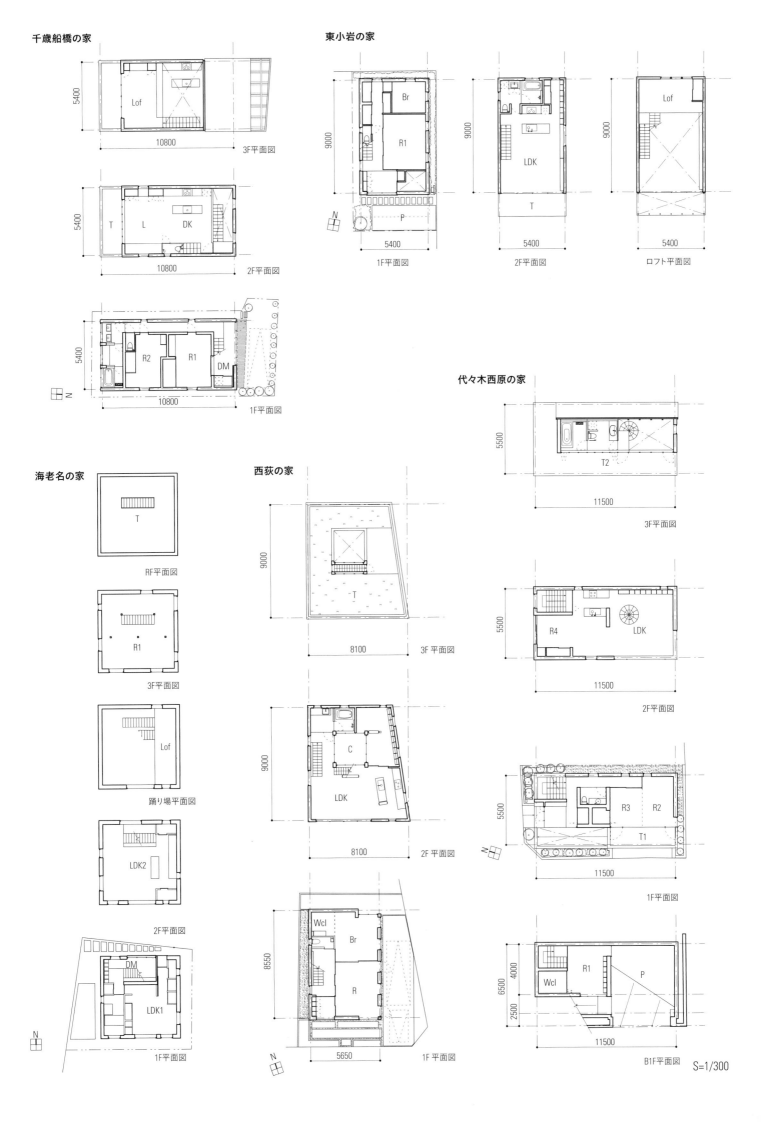

両国の逆四角錐
- **SECTION 1** 建物中央に光筒を挿入した逆四角錐屋根……172
- **SECTION 2** 杉板本実型枠の天井で光に陰影をつくり出す……174
- **DETAIL** 使い勝手と空間に合わせた造作キッチン……176

4章 S造住宅

お花茶屋の黒い箱
- **SECTION 1** 敷地中央に配置して南北に庭をつくる……182
- **SECTION 2** 高さ関係の変化によって落ち着きを与える……184
- **SECTION 3** トラスでつくる立体彫刻のような階段……186
- **DETAIL** スチールプレートを曲げたつなぎ材は水切りを兼ねる……188

品川二葉の家
- **SECTION 1** 各階の天井高を極端に変化させる……192
- **SECTION 2** 北側の暗くなりがちなスペースにトップライトを導く……194
- **DETAIL** 光を透過させるため床廻りディテール……196

建築概要……198

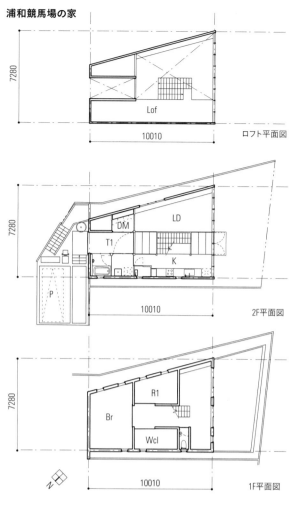
浦和競馬場の家

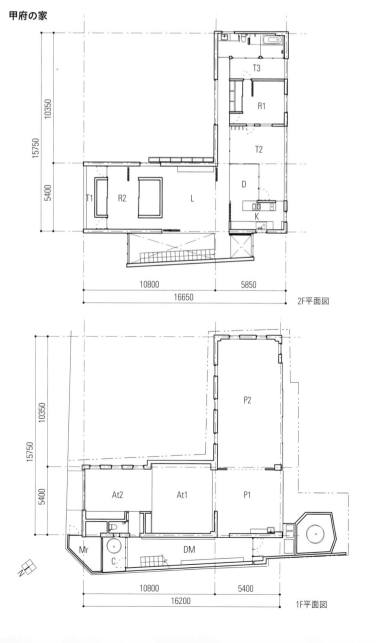
甲府の家

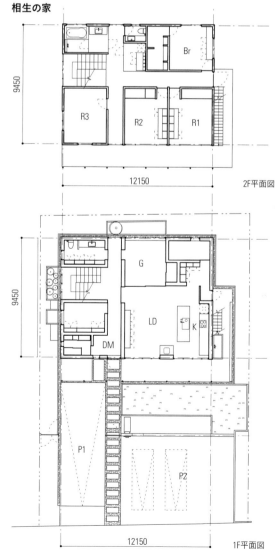
相生の家

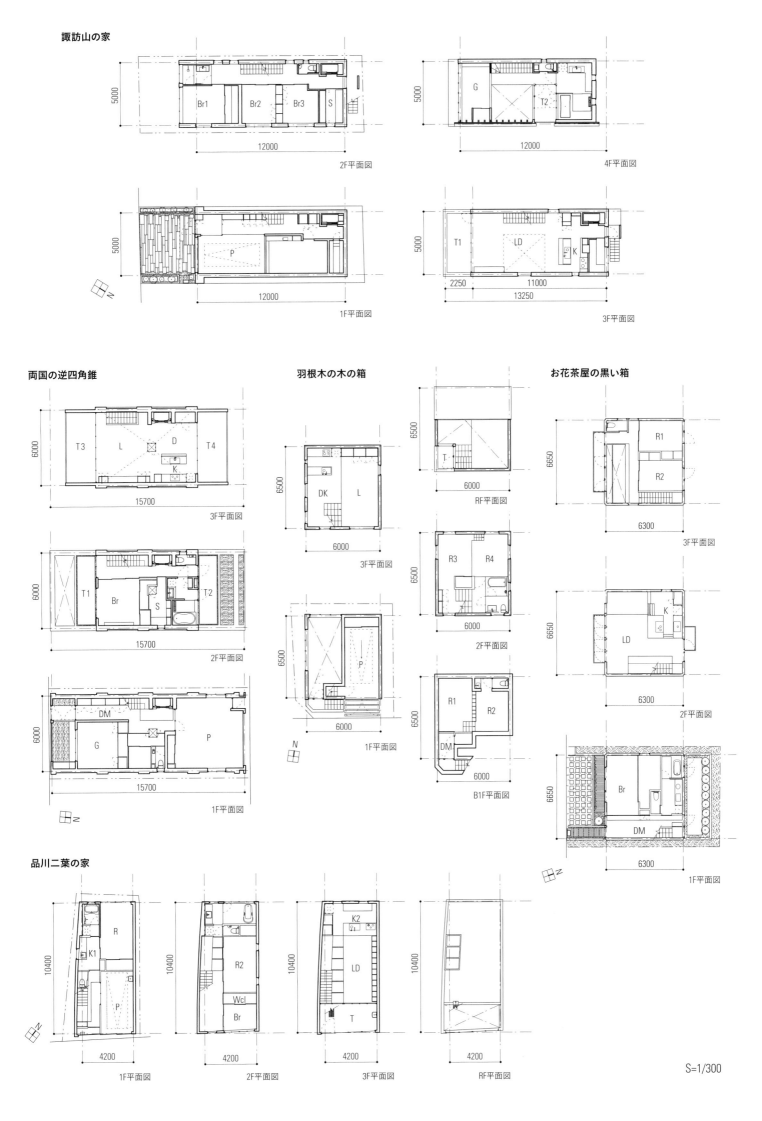

木造住宅

千川の家
中野大和町の家
秦野の家
和賀材木座の家 空の箱
秋谷の家
佐野の大屋根
狛江の家

CHAPTER 1

SUMMARY

千川の家

　閑静な住宅地に建て売りされた，3軒のうちの真ん中1軒の建て替えである．30坪そこそこの延床面積に二世帯というプログラムは少々タイトではあるが，そのために生まれた空間構成といえる．1階に妻の母が住み，ある程度独立した形で娘家族が2・3階に住む．玄関，浴室水廻りと玄関のみ共有し，子世帯は一度玄関から上がって半屋外の縁側的な階段室を通って2・3階にアクセスする．この縁側的階段室は，室内と外部のバッファとして存在しているが，さらに木ルーバーの折戸が全開閉することによって，さまざまな表情を内外部に対してもたらすことになる．

　季節や天気などの外的要因によって，そして住人のその日の気分によって軽快に表情を変えるルーバー折戸は，通常街に対して固定化された外観を解体し，カーテンやブラインド，建具のみによって調整していた内部への外部環境の侵入を，建築そのものによって可能にした．

厚みのある境界が住宅に豊かさを与える

千川の家 SECTION 1

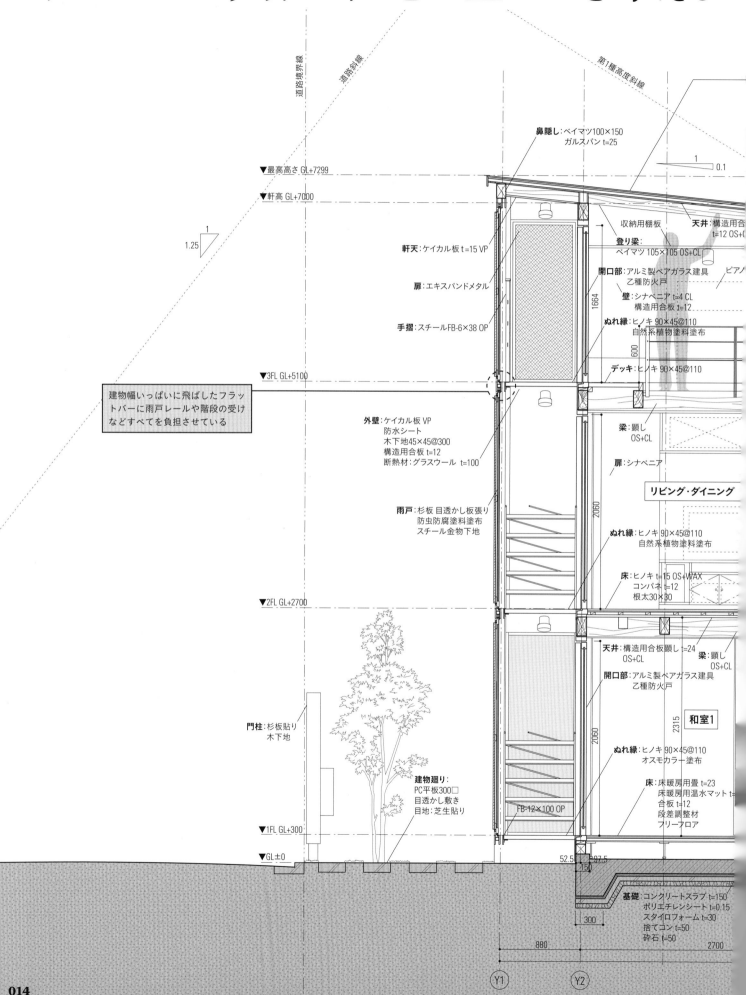

厳しい高さ制限に対して最大限の屋根形状を与えている．室内空間に「厚みのある境界」として階段室が南面に付加されている．厚みのある境界は二世帯家族の交流の場となったり，子供たちの遊び場としても機能し，住宅に新たな豊かさを付加している．付加された階段や踊り場は本体からの鉄骨による持ち出しとなり，鉄骨トラスによって構成された階段のささらが，全面アルミサッシの南立面の筋交いとしての役割を担っている．

2・3階は吹抜けを介して一室空間となるが，将来的に家族構成の変化に応じて，吹抜けをふさいで床を増やすなどの想定もしている．親世帯，子世帯はそれぞれ一体的な空間をもち，「厚みのある境界」である半外部空間でそれらをつなぎ，一つの家族を形成する．

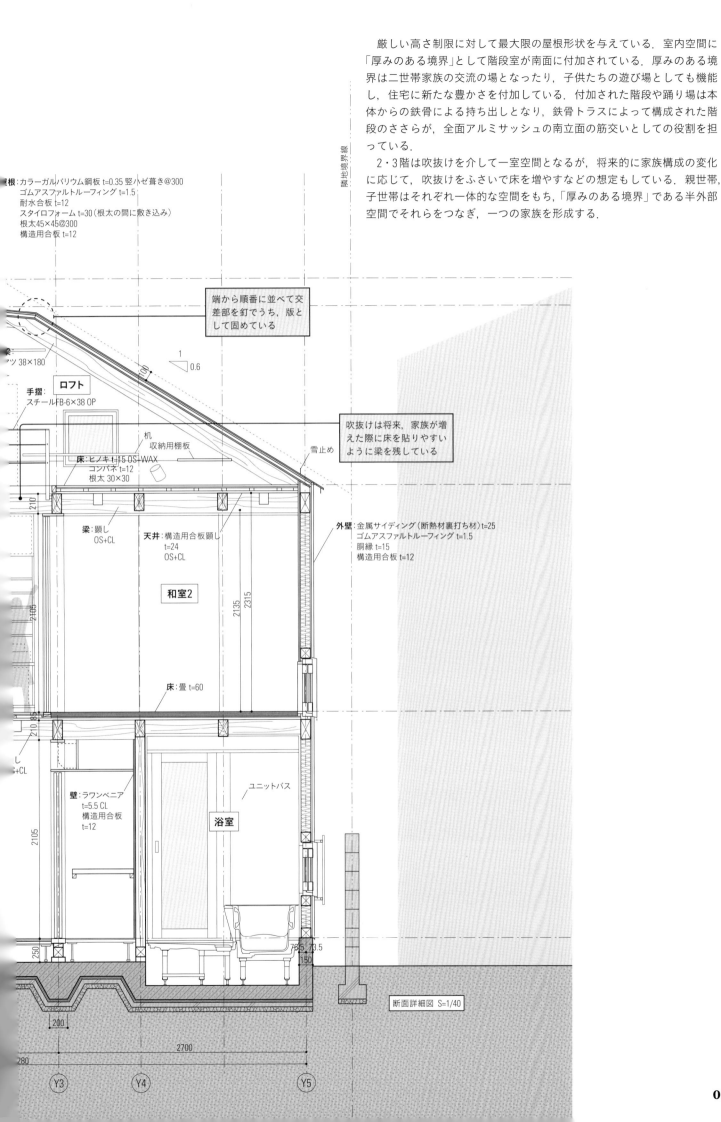

断面詳細図 S=1/40

将来的な家族構成の変化に対応可能な無柱空間

千川の家 SECTION 2

　在来木造工法ではあるが，四周の壁以外はあまり壁量負担する壁がない．特に3階は将来的な家族構成の変化に自由に対応できるよう，無柱空間としている．屋根は折れた版状になることで，面的剛性を獲得している．低い部分をツーバイ材のSPF38×180，高い部分を製材105×105とし，折部で相互を一方向から順に釘で打ち抜くことで，全体が折れ曲がった面として成立している．

　1階は親世帯，2・3階は子世帯として空気の一体感による家族の在り方を示す．吹抜けにあえて残した梁は将来的な増床の手がかりでもあり，また冬期の温熱の上昇を抑えるため，布によって吹抜けをふさぐためにも役立っている．屋根面をはじめとして，床組は極力構造をそのまま見せるようにしている．もののつくり方がそのまま空間表現となることを心がけた．

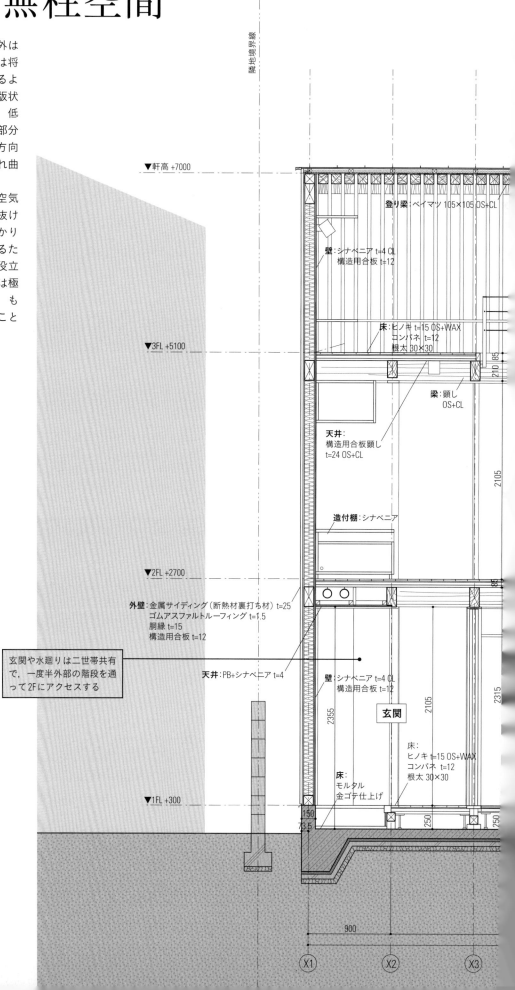

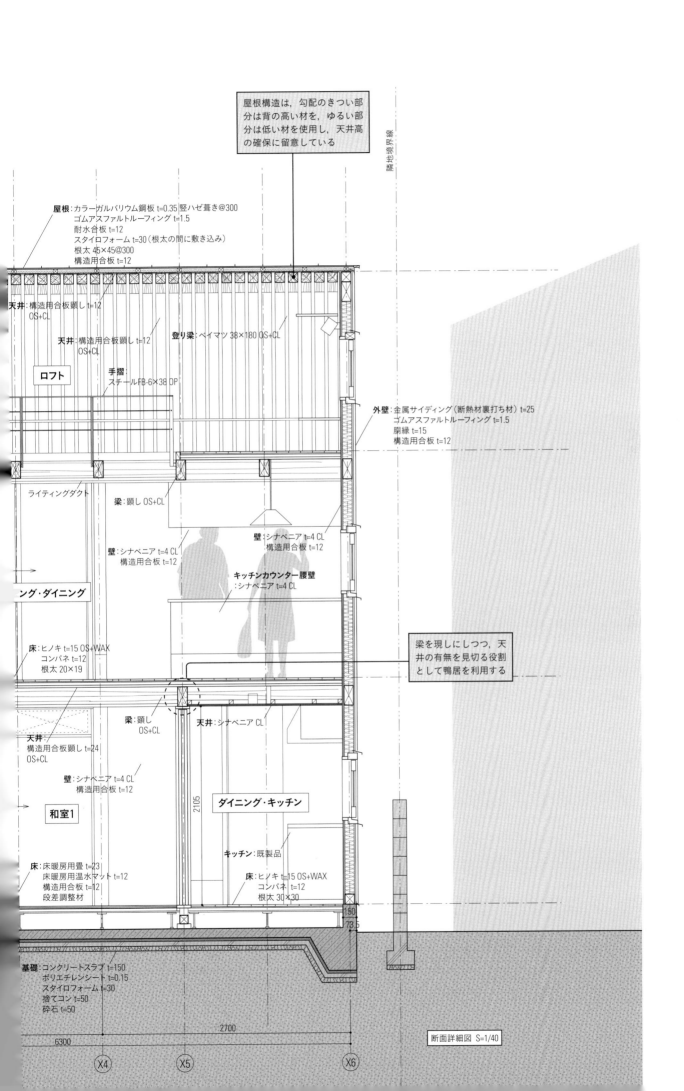

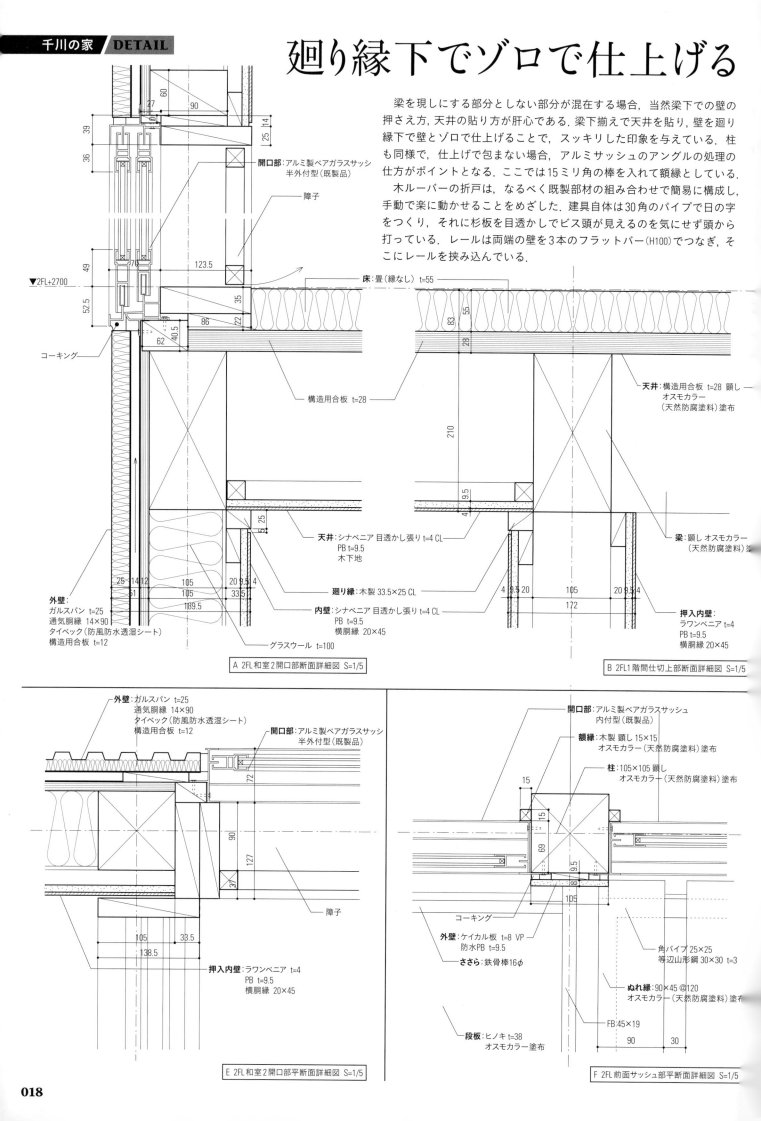

／手動で動かせる木ルーバーの折戸

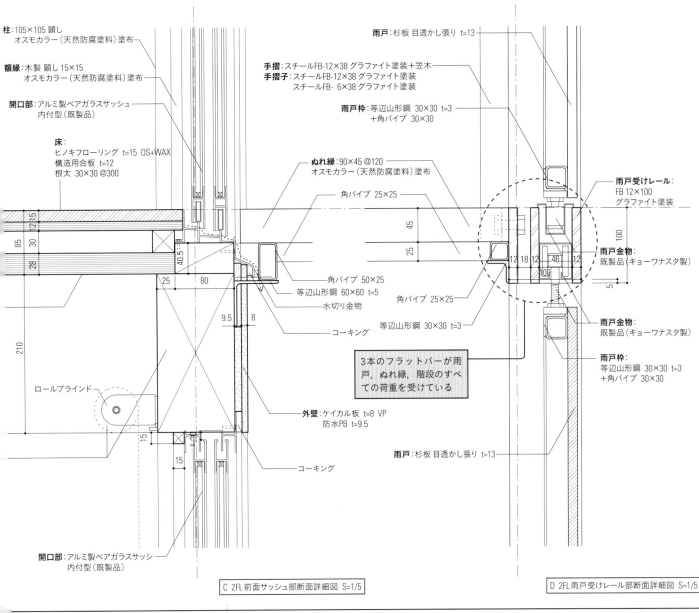

C 2FL前面サッシュ部断面詳細図 S=1/5

D 2FL雨戸受けレール部断面詳細図 S=1/5

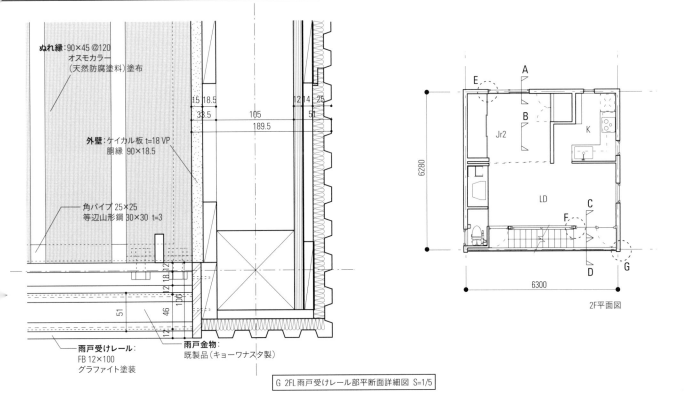

G 2FL雨戸受けレール部平断面詳細図 S=1/5

2F平面図

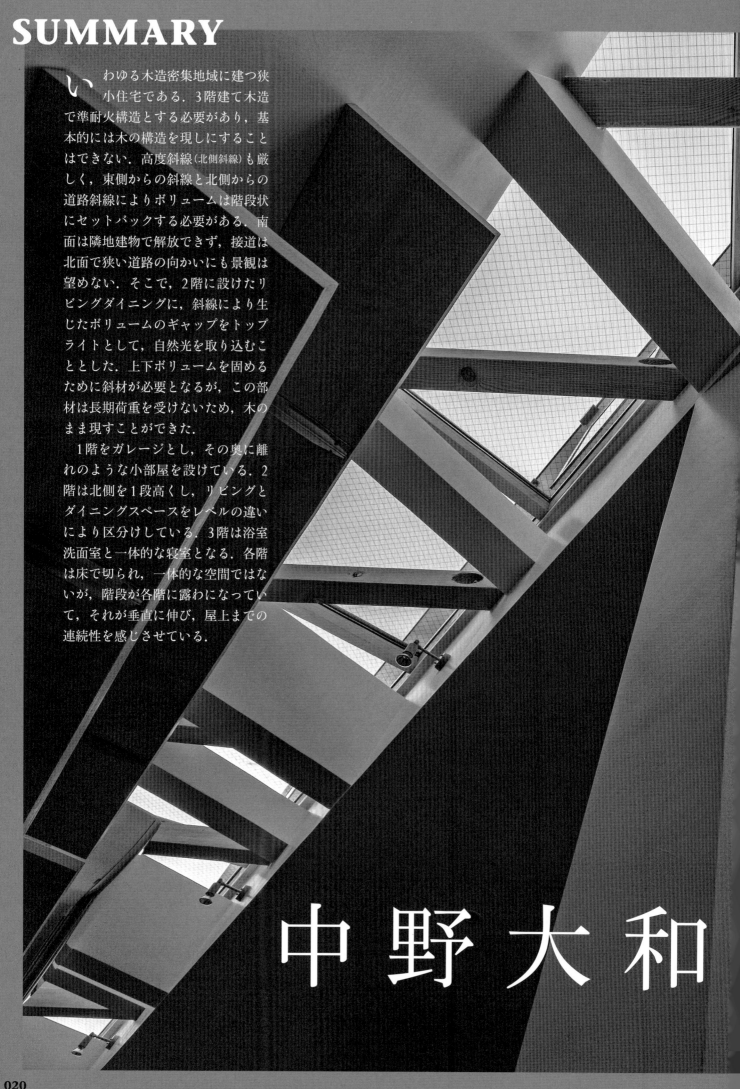

SUMMARY

いわゆる木造密集地域に建つ狭小住宅である．3階建て木造で準耐火構造とする必要があり，基本的には木の構造を現しにすることはできない．高度斜線（北側斜線）も厳しく，東側からの斜線と北側からの道路斜線によりボリュームは階段状にセットバックする必要がある．南面は隣地建物で解放できず，接道は北面で狭い道路の向かいにも景観は望めない．そこで，2階に設けたリビングダイニングに，斜線により生じたボリュームのギャップをトップライトとして，自然光を取り込むこととした．上下ボリュームを固めるために斜材が必要となるが，この部材は長期荷重を受けないため，木のまま現すことができた．

　1階をガレージとし，その奥に離れのような小部屋を設けている．2階は北側を1段高くし，リビングとダイニングスペースをレベルの違いにより区分けしている．3階は浴室洗面室と一体的な寝室となる．各階は床で切られ，一体的な空間ではないが，階段が各階に露わになっていて，それが垂直に伸び，屋上までの連続性を感じさせている．

中野大和

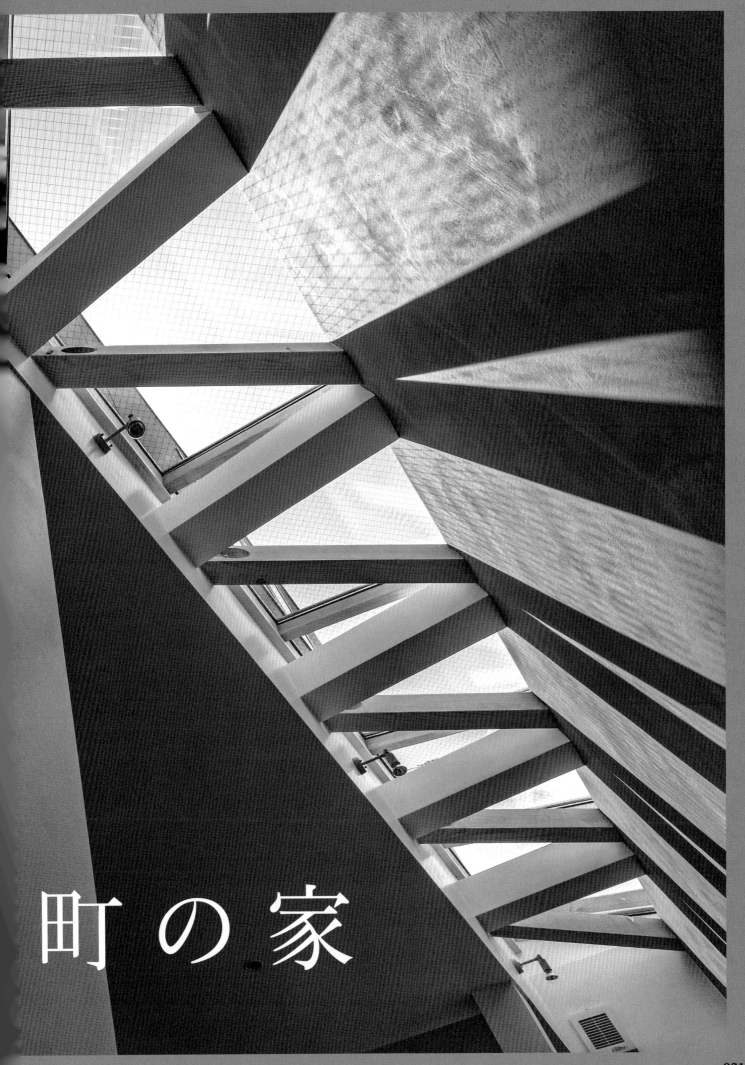

町の家

中野大和町の家 SECTION 1
斜線制限が厳しい狭小地の建物形状

狭小地においてきわめて斜線が厳しいとき，それが建物の形状を決定してしまう．そのとき，斜線に沿った屋根面を構成する表現は自然ではあるが，各階の可能な最大面積で壁を立上げ，そのギャップを有効に活用しようとしたのが今回の構成である．自然光の採りにくい環境においてこのギャップを利用することは自然な流れといえる．

構造と，環境，人の行為が建築のある要素で貫いて解けるということをよしとしている．「キール」と呼んでいるが，それがこのトップライトとして現れている．

斜線制限に合わせてセットバックさせている

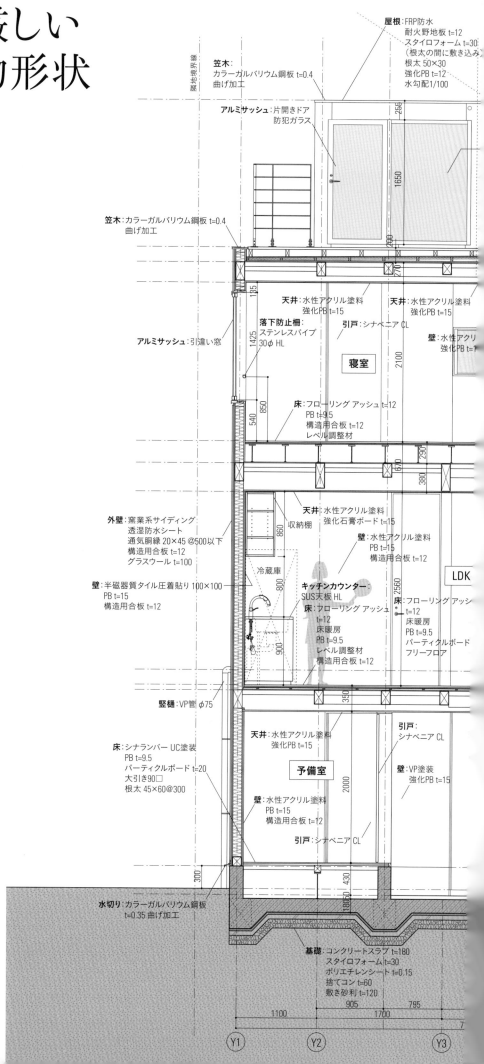

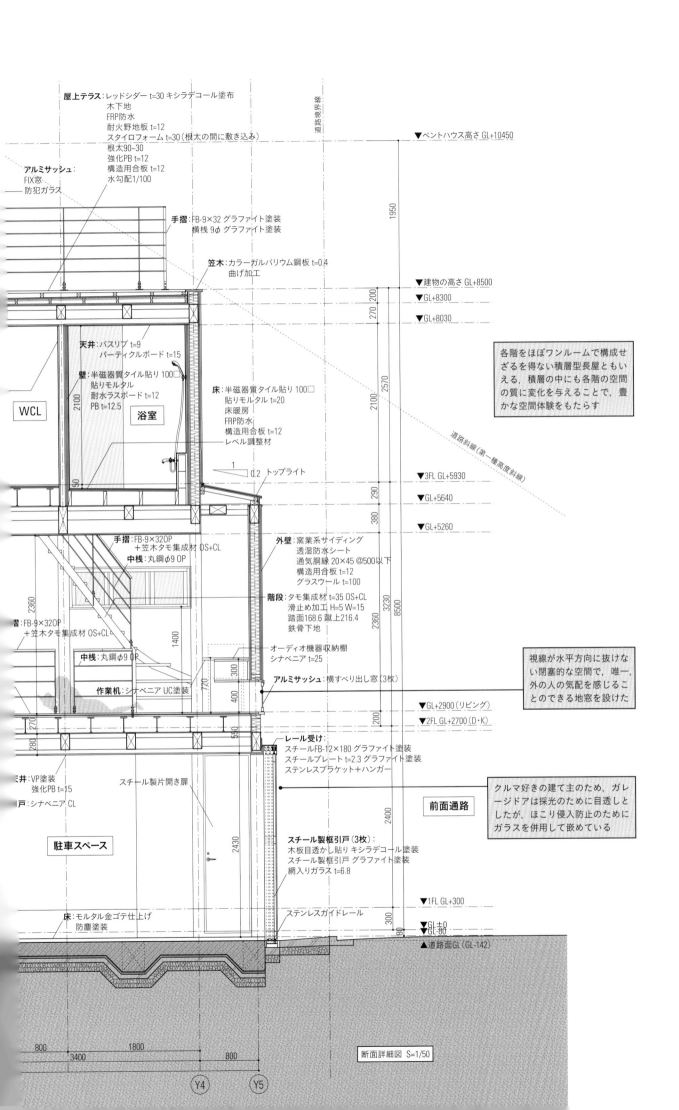

断面詳細図 S=1/50

狭小住宅の階段配置の考え方

中野大和町の家 / SECTION 2

狭小住宅において階段をどこに配置するのかは非常に難しい選択である．それによって平面構成が決まってしまうからだ．今回のように，なるべく平面を邪魔しない配置は，ある意味スタンダードであるが，距離がない中でどのように回転させ，残りのスペースを有効に生かすかはそう簡単な問題ではない．

1〜2階の階段は木造で背面を納戸としている．2〜3階の階段は鉄骨でささらをつくり，それに35ミリの集成材を渡すシンプルな構成である．リビングからの象徴的な風景として存在させるため，回転部や段板の支持方法などはなるべくスッキリと見せる努力をしている．3階〜屋上の階段は究極的に距離がないため，左右を交互に上げていく箱階段としている．こちらも背面は収納である．結果として，一住宅に三つの構造形式の階段が同居することになった．

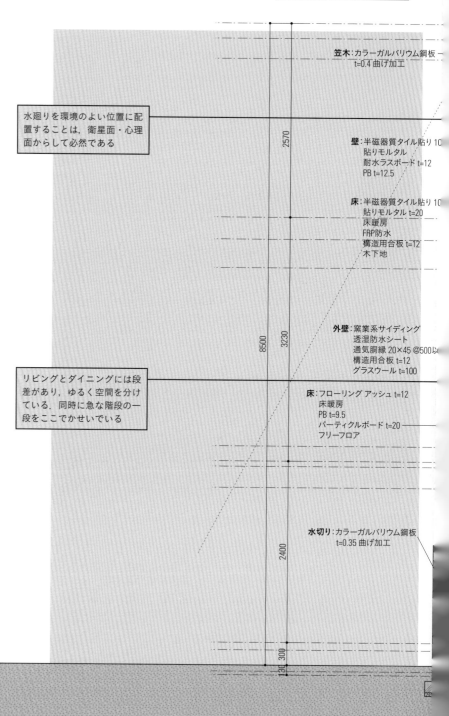

狭小地において，屋上を唯一獲得できる外部空間として解放することは大切である

笠木：カラーガルバリウム鋼板 t=0.4 曲げ加工

水廻りを環境のよい位置に配置することは，衛生面・心理面からして必然である

壁：半磁器質タイル貼り10 貼りモルタル
耐水ラスボード t=12
PB t=12.5

床：半磁器質タイル貼り10 貼りモルタル t=20
床暖房
FRP防水
構造用合板 t=12
木下地

外壁：窯業系サイディング
透湿防水シート
通気胴縁 20×45 @500以
構造用合板 t=12
グラスウール t=100

リビングとダイニングには段差があり，ゆるく空間を分けている．同時に急な階段の一段をここでかせいでいる

床：フローリング アッシュ t=12
床暖房
PB t=9.5
パーティクルボード t=20
フリーフロア

水切り：カラーガルバリウム鋼板 t=0.35 曲げ加工

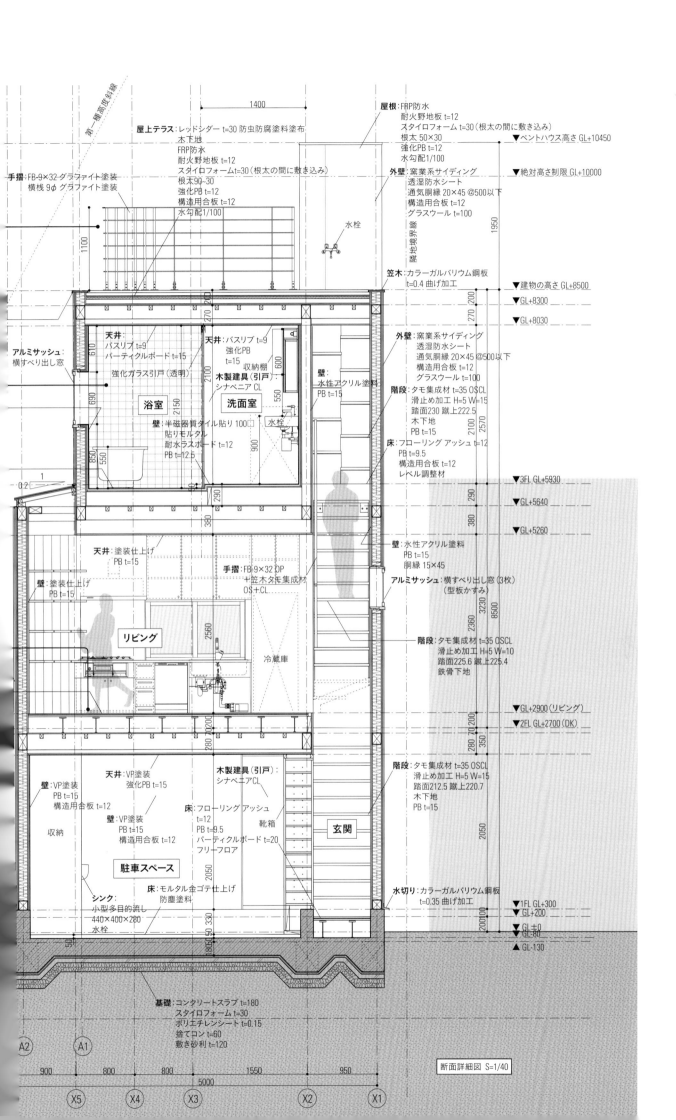

トップライトのディテールは
極力シンプルに

　建物ボリュームのギャップに設けたトップライトである．漏水問題がしばしば発生するトップライトの納まりは極力シンプルにすることが大切である．フレームは木で構成し，そこにペアガラスを置き，既製の方立カバーで抑えるという，いたって単純なつくり方である．

　北側および建物の迫った東側に設置されるため，室内側からブラインドなどで採光調整をすることは考えていなかったが，場合によっては下部にある梁や斜材を利用し，布などを架けることは可能である．

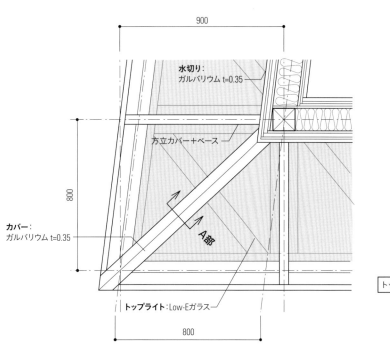

トップライト平面図　S=1/20

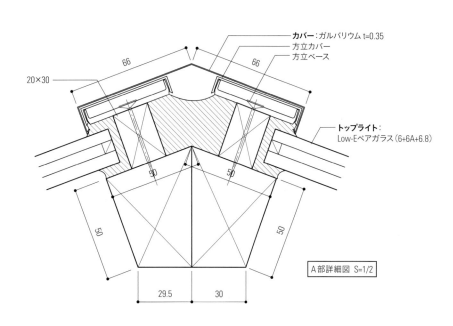

A部詳細図　S=1/2

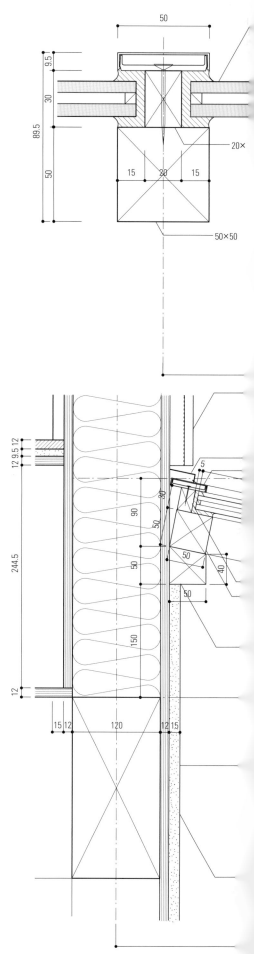

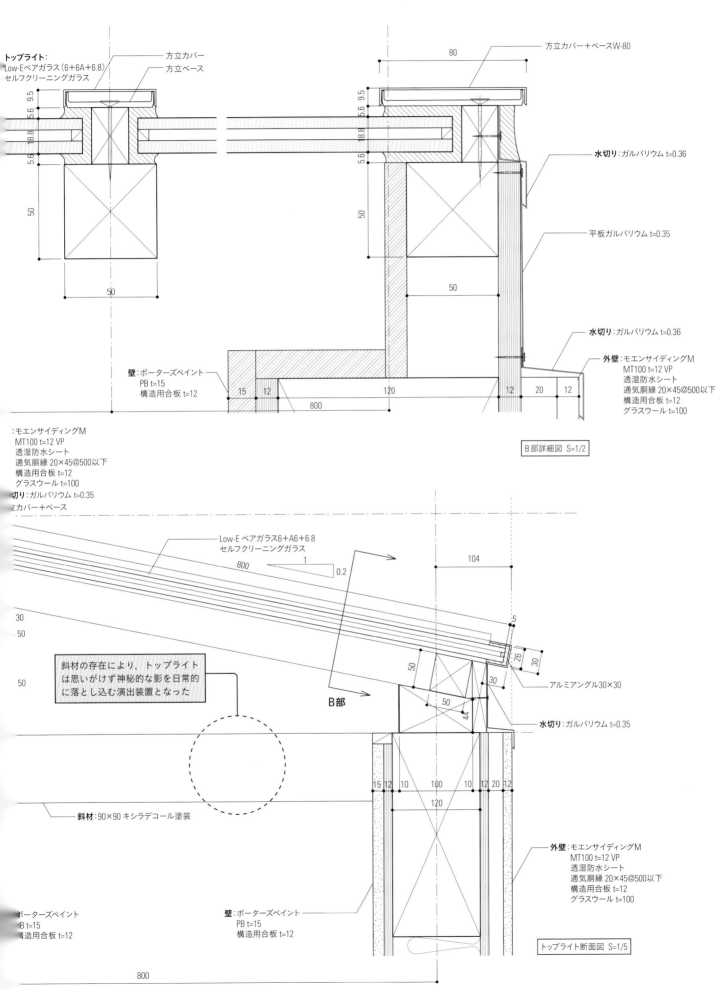

中野大和町の家 DETAIL 2

段板だけで架ける鉄骨ささら階段

2階から3階へ至る鉄骨ささらの階段．ささらを鉄骨で作成し，そこにフラットバーで受けを設けて集成材の段板だけで架けるという形式は，われわれの事務所では多用している．構造としての鉄のささらと，脚の裏が接する木の段板がそれぞれの素材特性をもってわかりやすく構成されているため，構造と素材の関係として望ましいからである．

今回は上がりはじめが90°の回転になっているため，ささらの形状に工夫が必要であった．各段板の中央を支えることを原則としたことで，ささらは不思議な角度でジョイントされ，それ自体がオブジェのような階段になったのではないだろうか．

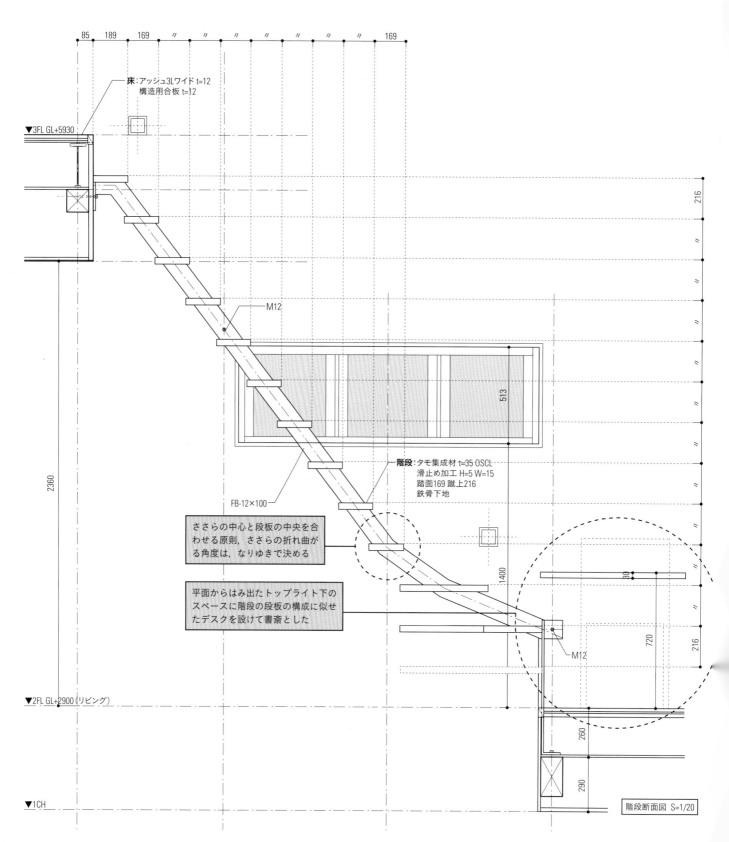

ささらの中心と段板の中央を合わせる原則，ささらの折れ曲がる角度は，なりゆきで決める

平面からはみ出たトップライト下のスペースに階段の段板の構成に似せたデスクを設けて書斎とした

階段断面図 S=1/20

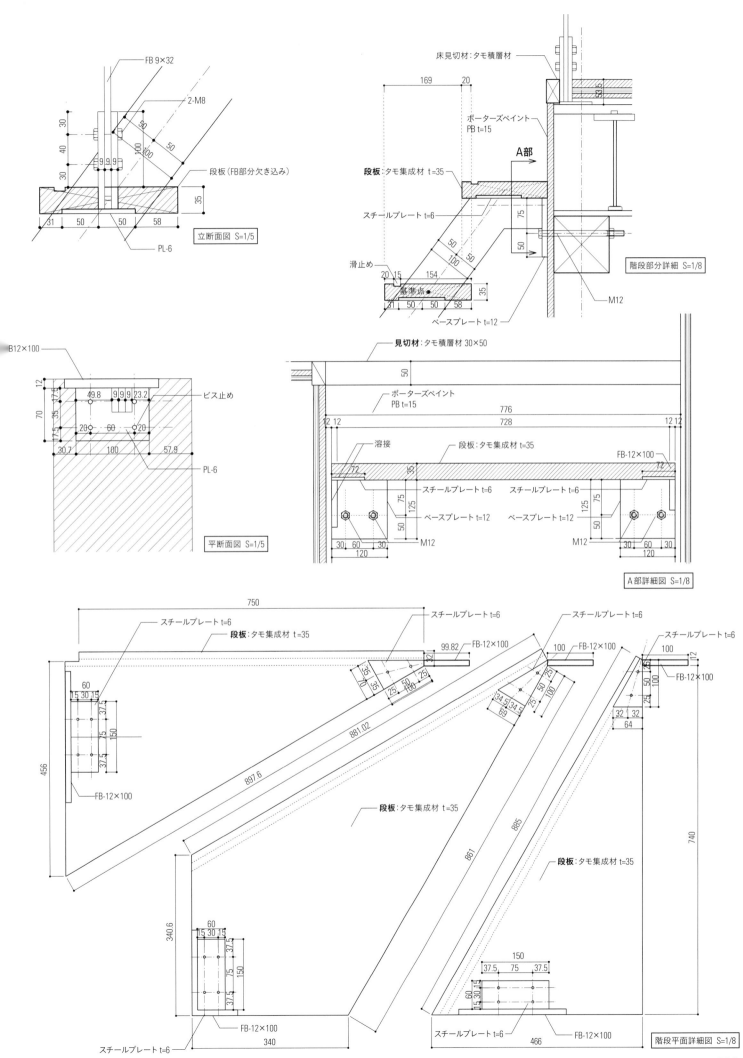

SUMMARY

秦野の家

周囲には丹沢山系の山々が聳え，伸びやかな風景の中にある分譲住宅地の建て替え計画．より遠くの風景につながることを意図し，また山々との関係性を示唆してバタフライ型の屋根の形状を選択した．

2台の自動車のメンテナンスと，農作業のため，それから趣味の乗馬のための馬具置場を兼ねた土間が平面中央南北を貫く．土間は吹き抜けていて，上階のリビングダイニングスペース，そして妻のための寝室と完全に一体となる．夫の寝室は土間の脇にあり，土間を挟んで向かいの愛車と常に対峙する．また，斜め上方が妻の寝室となり，寝室同士が土間吹抜けを介して対峙している．つまり，大きなバタフライ屋根の下には土間を中心に視線の交錯を意図した場が生成され，それぞれの空間的質によってさまざまな活動が起きているに過ぎないともいえる．

大きなバタフライ屋根をいかに構成するかが，もう一つのこの住宅のテーマである．V字型方向長手に木を組むことは屋根の勾配方向に伸びていくベクトルを意識したものであるが，10メートルのスパンをトラックに載る6メートル以下の部材によって組むことが命題としてあり，それをしつこく追求した結果，「おさかなトラス」と呼ぶ独特な木造トラス梁が生まれた．

10メートルスパンを可能にする木造トラス梁

秦野の家 SECTION 1

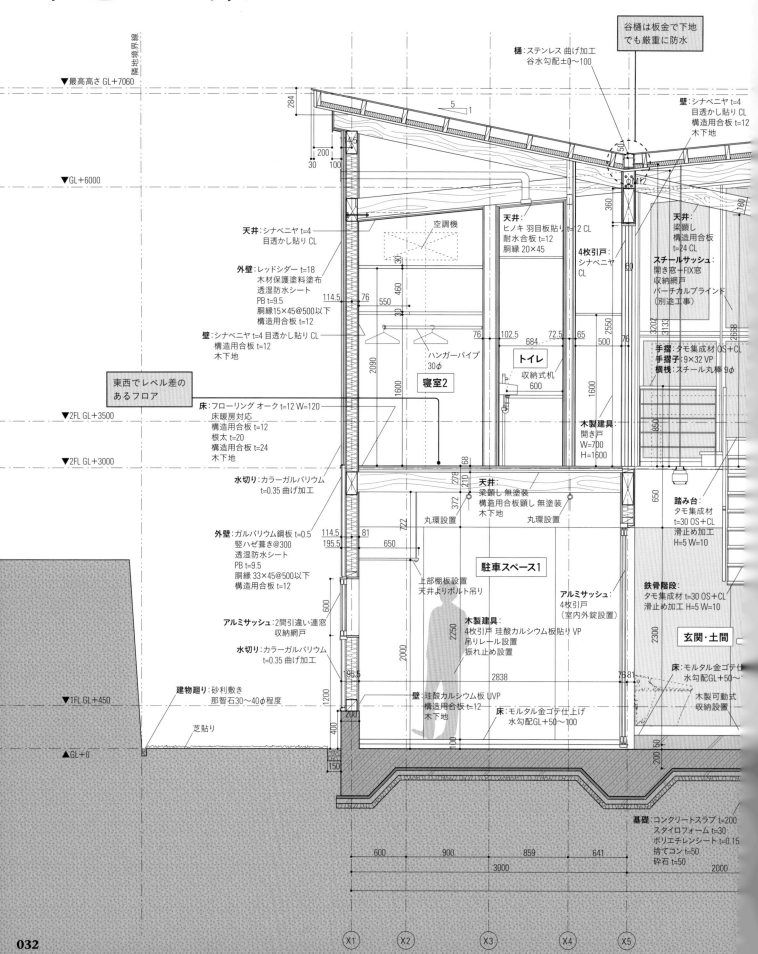

「おさかなトラス」と呼ぶ木造トラス梁は，運搬を考えて6メートル以下の部材同士で構成されている．木材を組み合せて一体的な部材をつくる場合には往々にして使われる方法であるが，2本の部材で1本を挟み込み，それを繰り返して全体として一体の梁を構成している．屋根の凹の位置と引戸の鴨居の位置など，多くの要素がこのトラス梁の形状と相関的に決められている．中央の土間吹抜けにつながる1・2階の東西の部屋は，すべて引戸によって開閉ができて土間と一体となる．2階の東西の床レベルは，東側のリビングダイニングから大山を望むために500ミリ高くし，それにより，土間吹抜けを挟む四つのスペースはすべて天井高や空間ボリュームが異なっている．

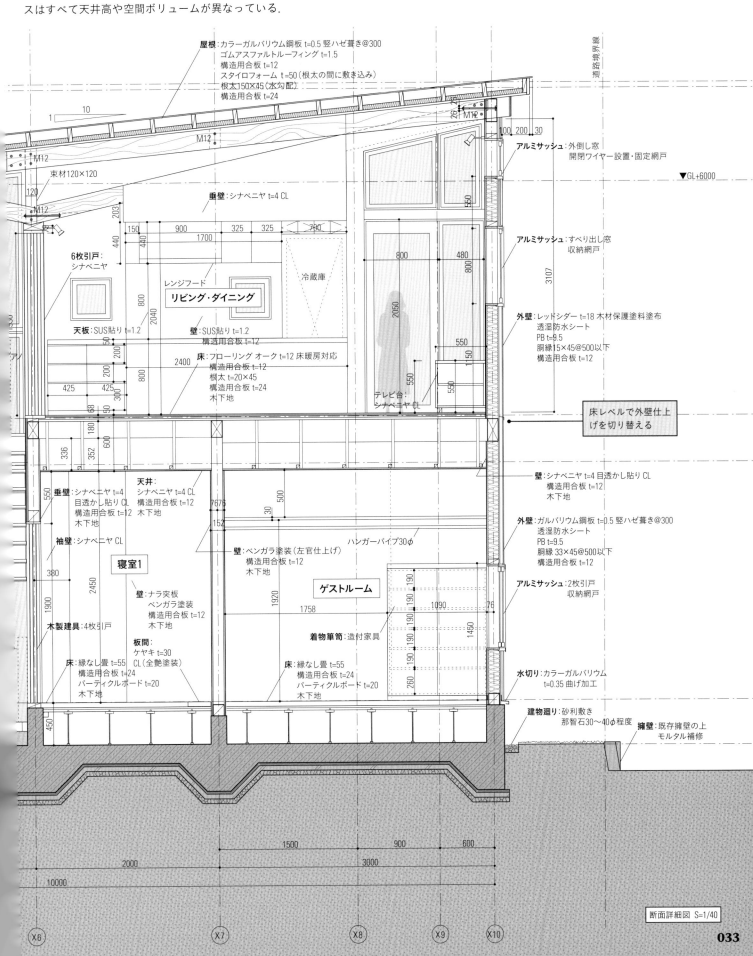

断面詳細図　S=1/40

大きなバタフライ屋根の下にさまざまな居場所を生み出す

秦野の家 SECTION 2

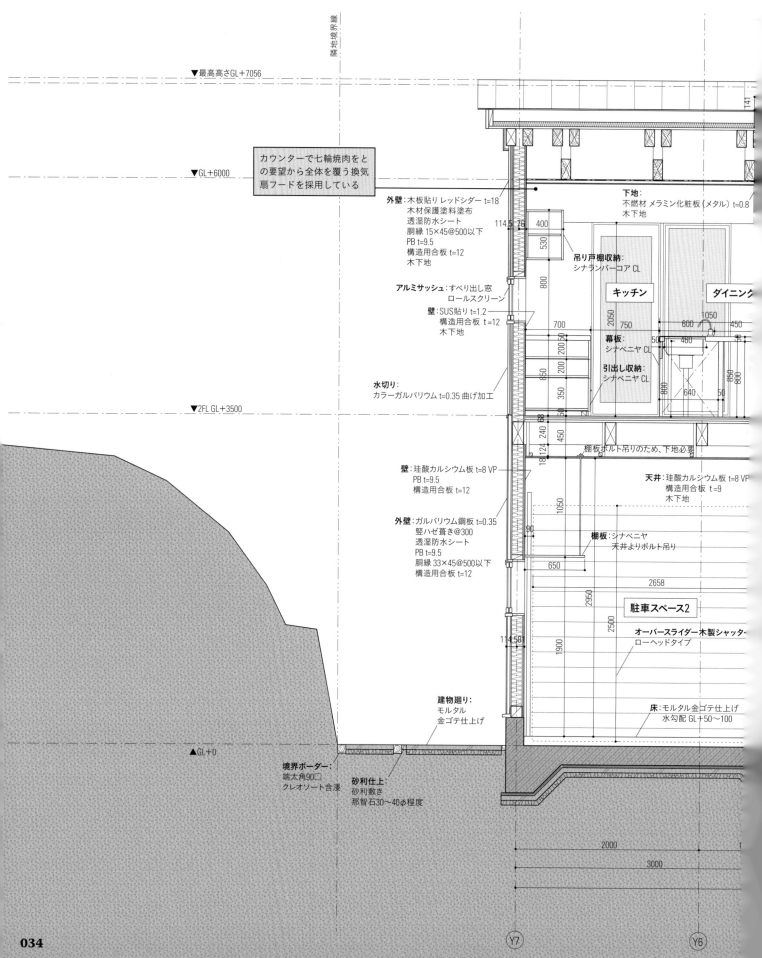

2階の南側にはテラスを設けていて，全開放できるようにアルミの折戸を設置している．さらにキッチンの奥にもテラスが設けられている．土間が内的な半外部的な位置づけだとすると，南側のテラス1・2は外的な半内部的な場所といえる．大きな屋根の下にこのようにさまざまな外とも中ともいえないような場所を意図的に生み出し，それらが住宅という器において，お仕着せでない自由で創造性のある活動につながるのだと期待した．

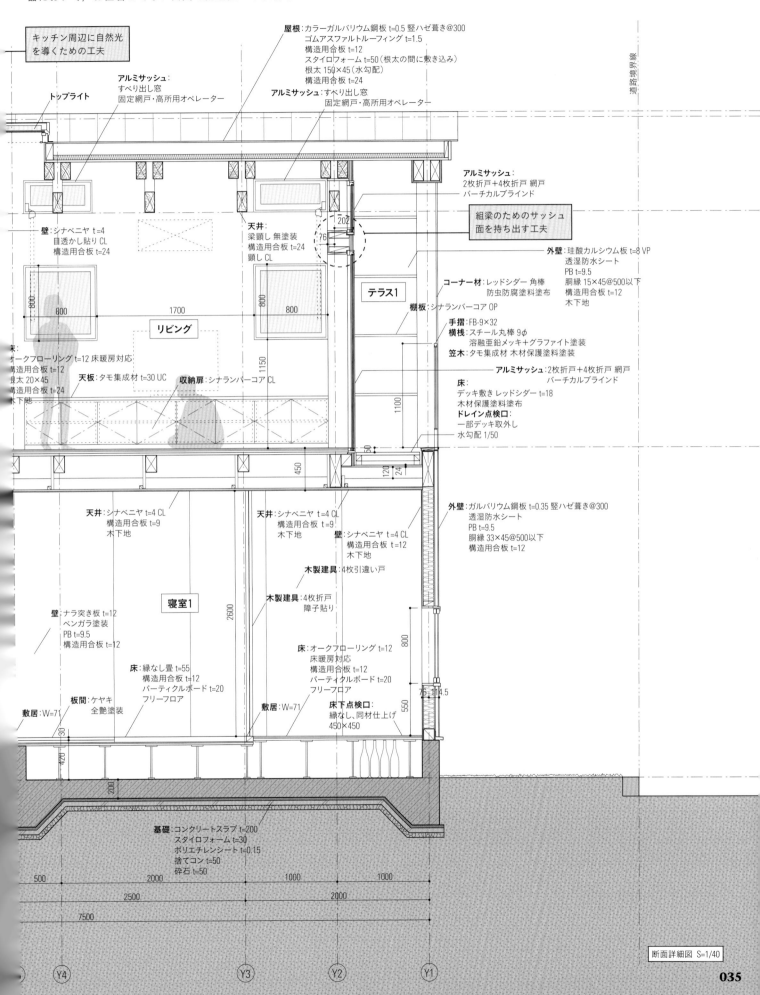

断面詳細図 S=1/40

秦野の家 DETAIL 1

大きな木造トラスに取りつく諸要素のふるまい

　6メートル以下の部材で構成された「おさかなトラス」に絡むさまざまな部分詳細である．

　谷樋は単純ではあるが，この深さを確保するために，屋根版全体が厚みを増す必要がある．木でドブをつくり，ステンレス板金で一体的に樋を構成した．水上からの余裕を十分に取ることで，増水時のかしめ部からの浸水を防いでいる．

　トラス最下端に付く6本の引戸を開閉するための鴨居は一本下地をかませて設置するが，その下地はライティングダクト設置用の下地ともなっている．

　また窓廻りに霧除けの小庇を設けている．ほんのわずかな出でも，窓の汚れや漏水の心配は激減する．

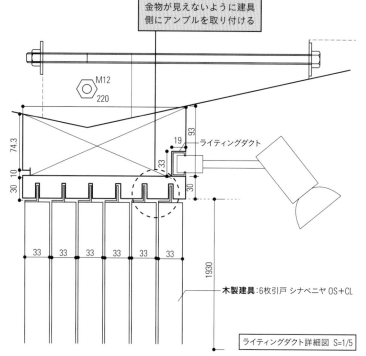

ライティングダクト詳細図　S=1/5

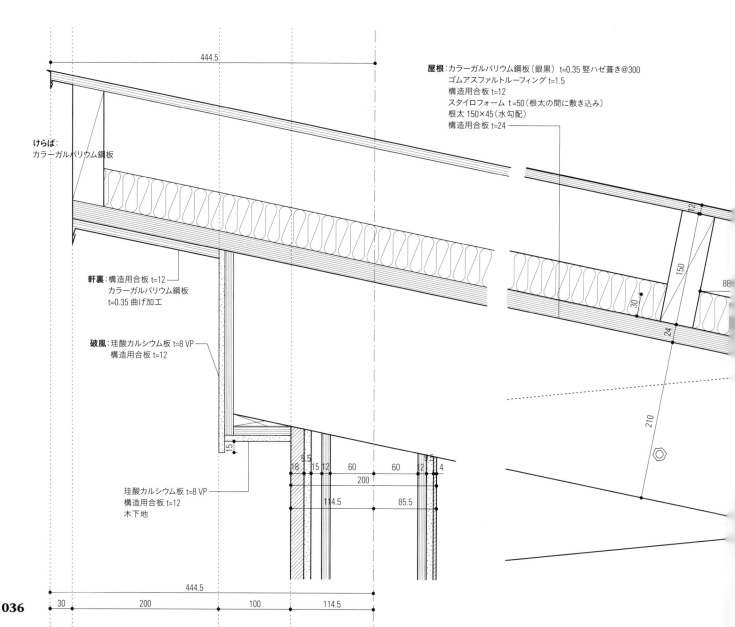

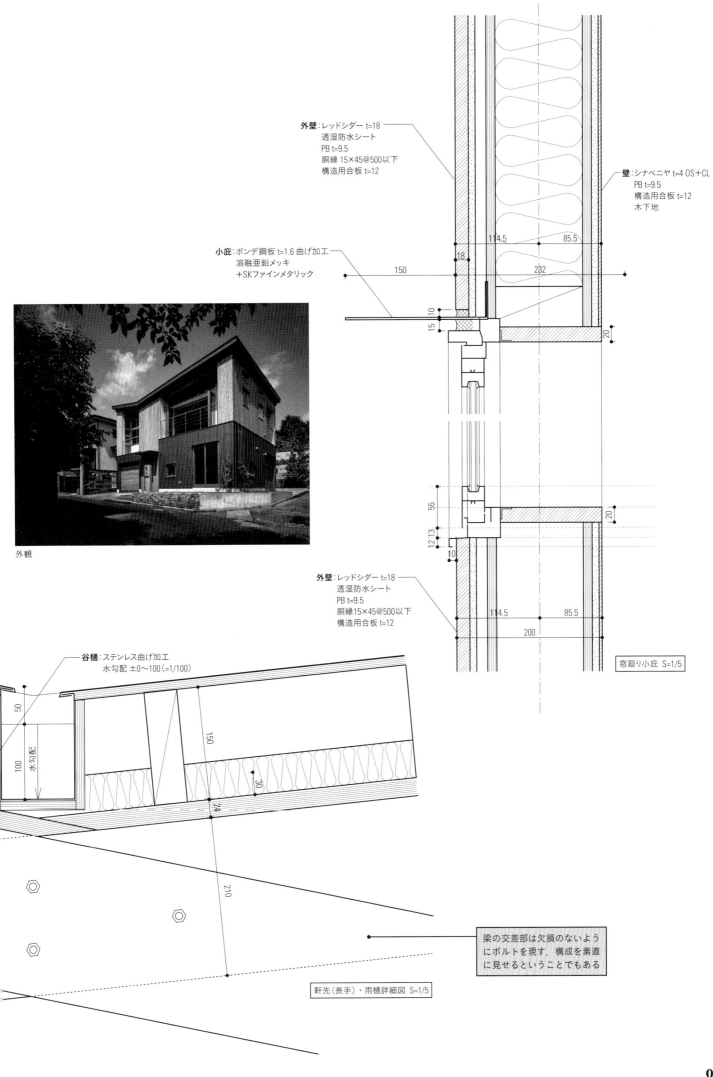

外観

外壁：レッドシダー t=18
透湿防水シート
PB t=9.5
胴縁 15×45@500以下
構造用合板 t=12

壁：シナベニヤ t=4 OS+CL
PB t=9.5
構造用合板 t=12
木下地

小庇：ボンデ鋼板 t=1.6 曲げ加工
溶融亜鉛メッキ
＋SKファインメタリック

外壁：レッドシダー t=18
透湿防水シート
PB t=9.5
胴縁15×45@500以下
構造用合板 t=12

窓廻り小庇 S=1/5

谷樋：ステンレス曲げ加工
水勾配 ±0〜100（=1/100）

軒先（長手）・雨樋詳細図 S=1/5

梁の交差部は欠損のないようにボルトを現す．構成を素直に見せるということでもある

秦野の家 DETAIL 2
仕上げの切り替えを丁寧に設計する

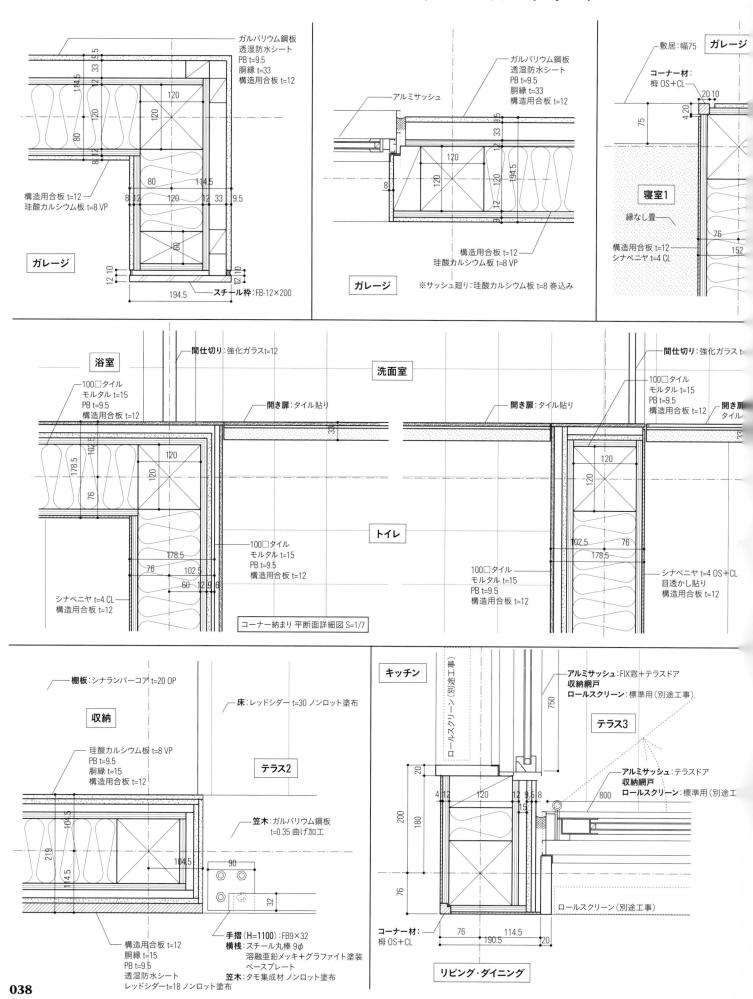

土間やガレージのように，内部と外部が曖昧な場と内部として明快な部分が混在するとき，仕上げの切換部分を丁寧に処理する必要がある．原則を同材同士のときはコーナー材で抑えていくことを決めているが，異素材同士になると，どちらかを勝たせて切りっぱなしにする，枠材を入れて他素材でつなぐなど，部位ごとに最適解を求めている．

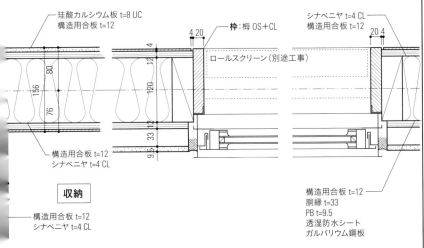

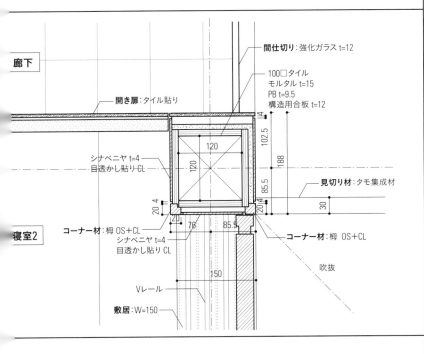

多くの素材が集中する土間廻り，コーナーで切り替わる素材同士をコーナーでどう納めるかがスッキリ見せるポイントである

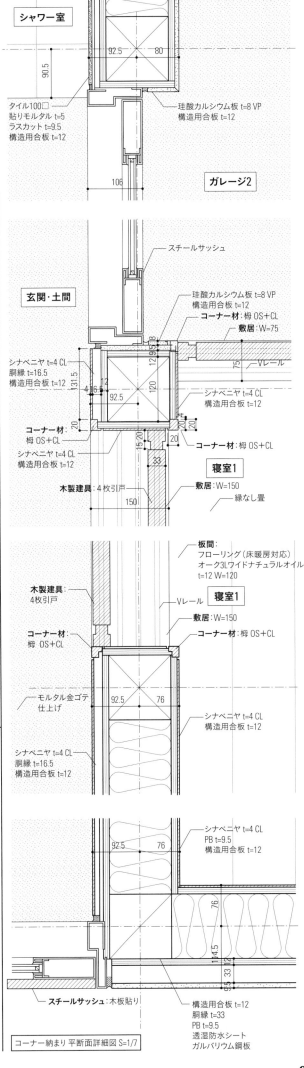

コーナー納まり 平断面詳細図 S=1/7

SUMMARY

鎌倉というのは路地の奥の民家に突然雑貨屋さんが現れたり，カフェがあったり，街の中にパブリックな要素が混ざり合っている印象がある．また，海が近いこともあってか，サンルームやテラスが当たり前にあり，シャワーが外にあったりして，通常の機能の在処が領域を超えているようにも思える．

この住宅では建て主が将来教室やお店を開く可能性を示唆するとともに，非常に自由な発想で鎌倉らしさを楽しもうという意気込みがあった．上記のような鎌倉らしさをどのように実現するのかがこの住宅のテーマである．

1階の平面のほぼ半分が土間である．土間にはまったく間仕切りのない浴室・洗面室が配置されている．この浴室・洗面室はカーテンにより二重三重に包み込むことでプライバシーを確保するが，日常的には開けっぴろげである．土間は将来教室や店舗となる可能性を秘めつつ，現在はソファセットを置き，夏のリビングとして活躍している．

つくられ方をそのまま表現するべく，柱や梁はそのまま見せることとしている．

和賀材木座の家

空の箱

和賀材木座の家 空の箱 SECTION 1
三つのスペースが房状に接続する土間

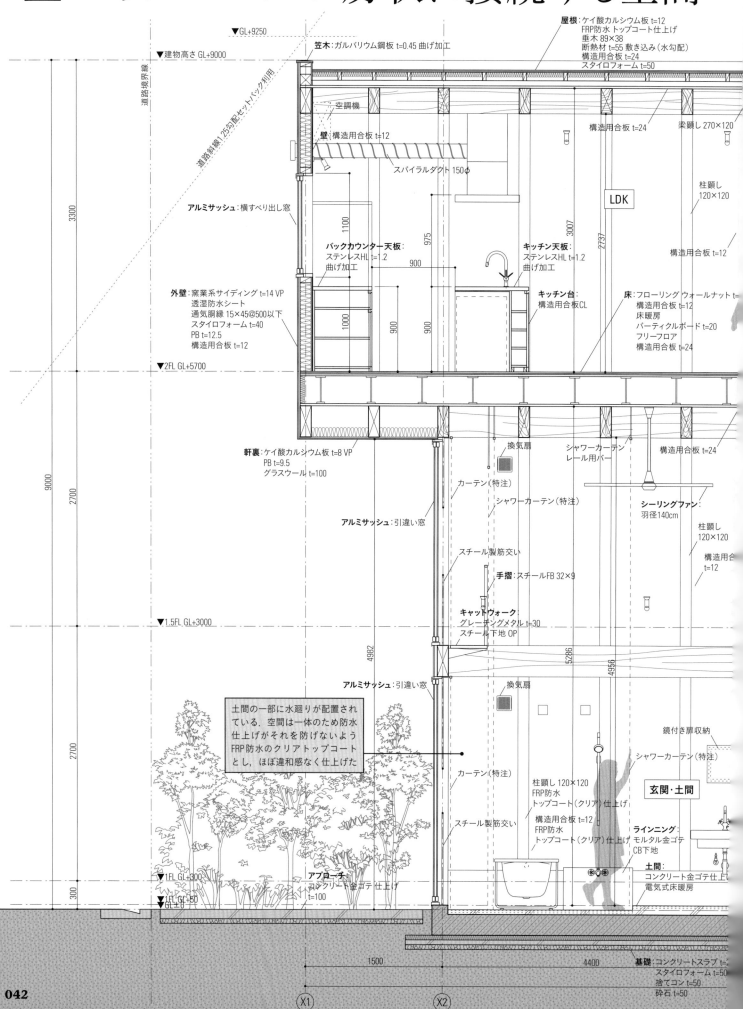

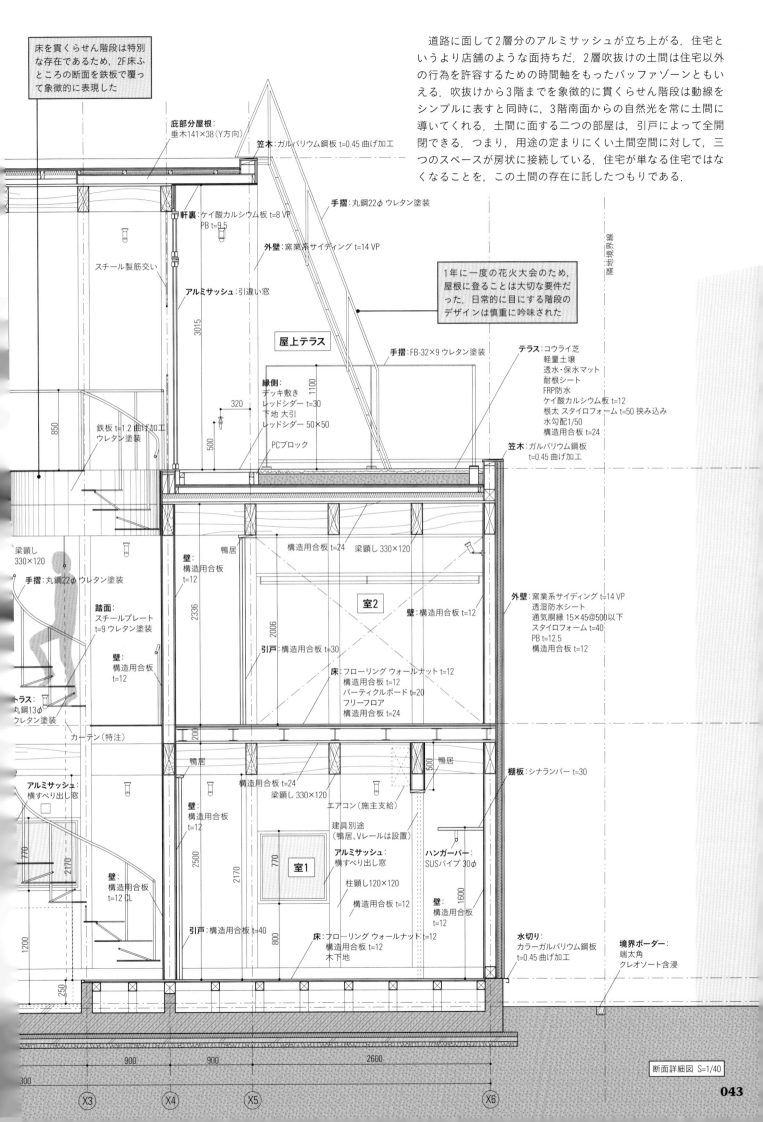

門型フレームを現しで並べる

和賀材木座の家 空の箱 SECTION 2

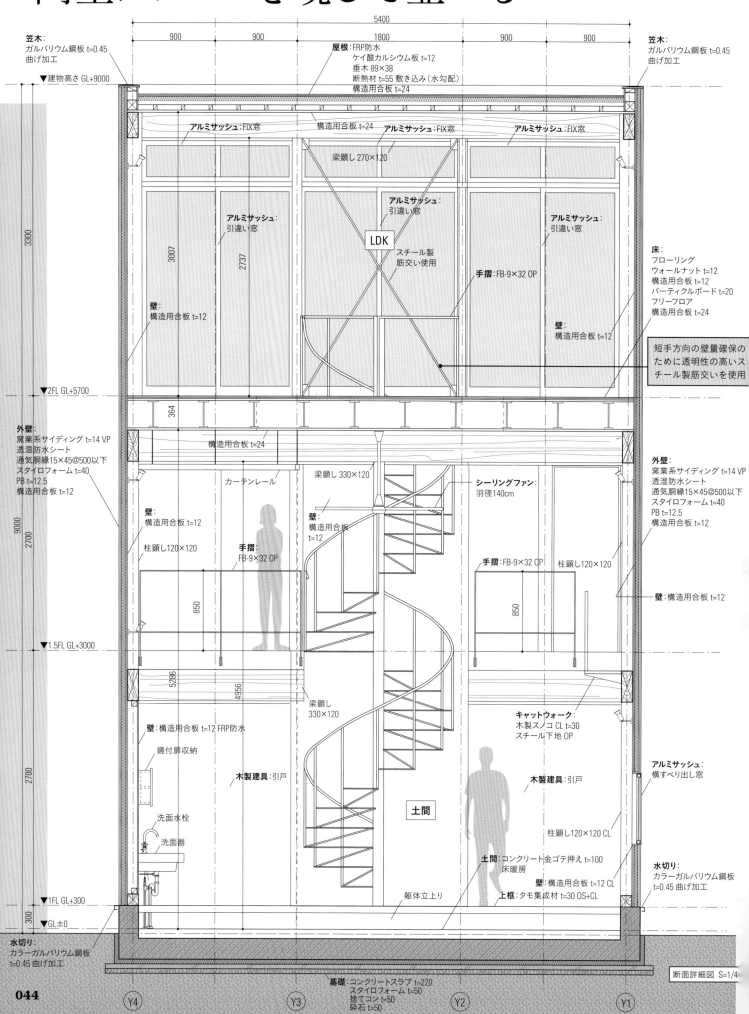

断面詳細図 S=1/40

120角の製材を900ピッチで門型に並べてそのまま現しているので，通常壁内に収容される配線や配管が収まる場所がない．これに対し，床については根太レスの合板の上にフリーフロアでふところを設け，壁については合板の外に断熱材や通気層を設けてその中を配線・配管するようにしている．長手方向の壁量は十分足りているが，短手にはほとんど壁がない．そこで鋼製筋交いを用いてサッシに被せるように設置し，透明性を維持しながら壁量を確保している．

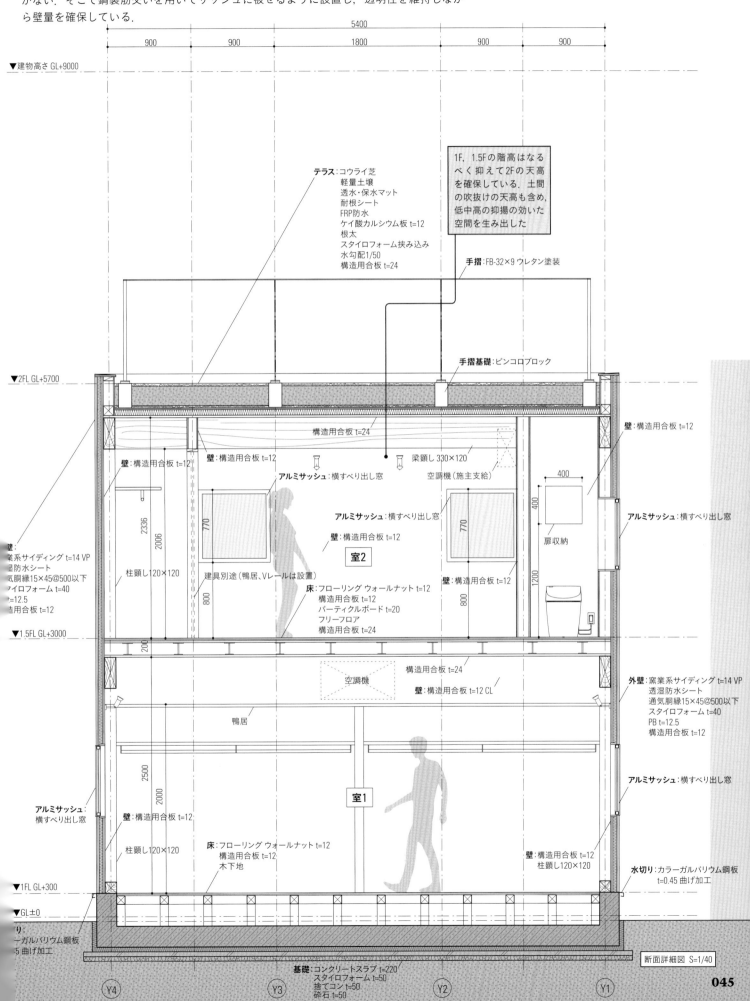

部材内に呑み込ませてスッキリ見せるサッシュ納まり

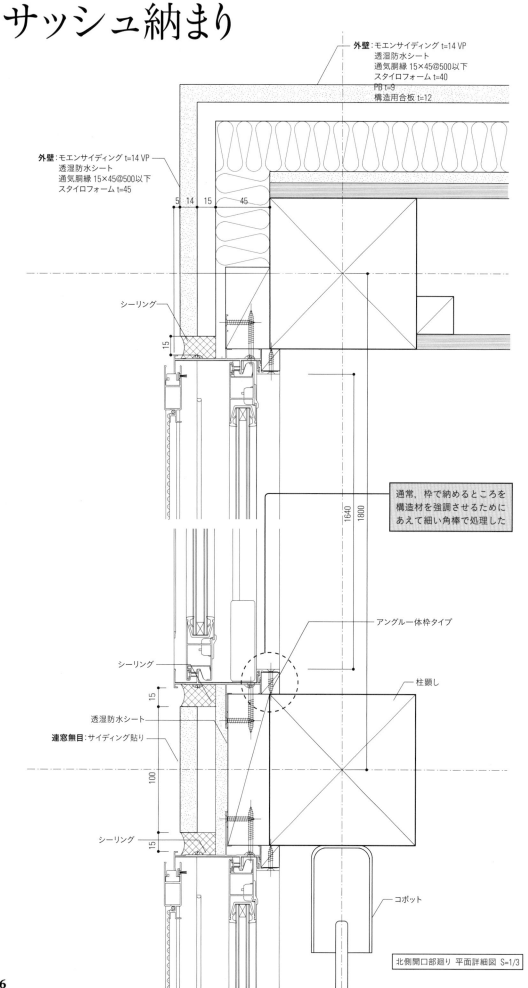

北側開口部廻り 平面詳細図 S=1/3

道路に面する北面全面アルミサッシの納まりである．通常，木造用サッシは仕上げることを前提としているので，柱や梁に直接設置できない．設置すると余計な隙間ができたり，クリアランスが確保できなかったりする．精度については追い込んでもらうこととし，構造材の主張を邪魔しないよう，サッシ納まりのための角材などはできるだけ細くしてサッシの部材内に呑み込ませるように処理している．

キャットウォーク接合部

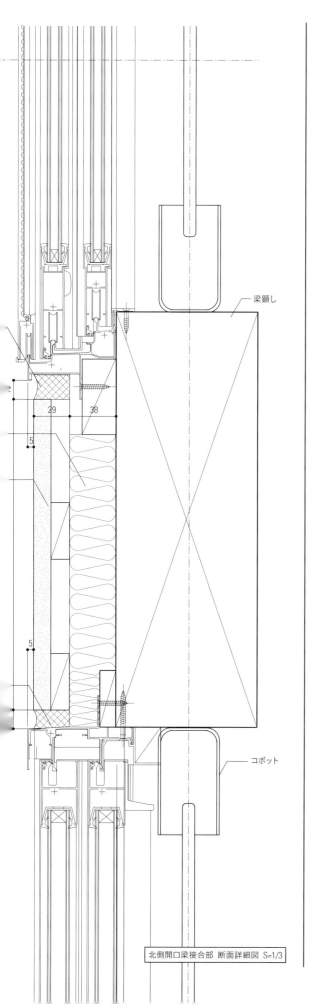

北側開口梁接合部 断面詳細図 S=1/3

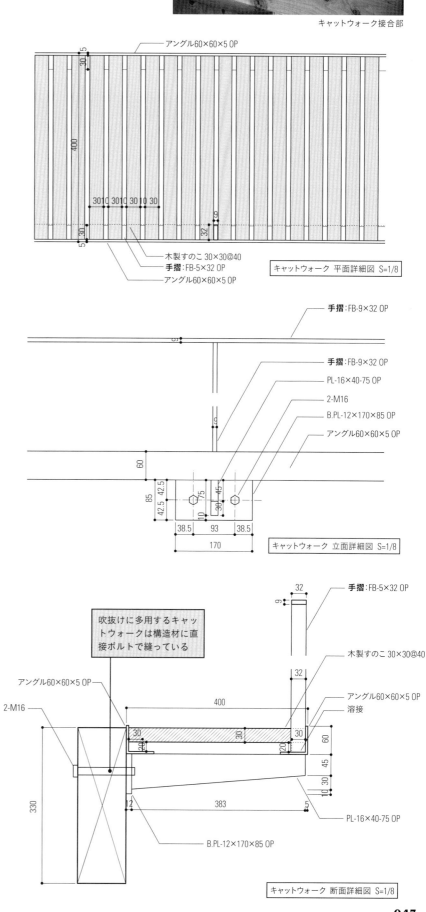

キャットウォーク 平面詳細図 S=1/8

キャットウォーク 立面詳細図 S=1/8

吹抜けに多用するキャットウォークは構造材に直接ボルトで縫っている

キャットウォーク 断面詳細図 S=1/8

SUMMARY

秋谷の家

敷地は海まで直線距離で200メートル程度の高台に位置する分譲住宅地．坂道に沿ってひな壇状に造成され，敷地も2段に分かれている．敷地に建物を置くと，海の存在が消える．たとえ，視界を確保したとしても1段下の前のひな壇の住宅により海は見えない．そこで，海側と陸側の結界そのものをこの住宅の在処とした．意識としての陸側と海側の境界に白い大きな壁を建て，その壁に寄り添って住むようなイメージを与えた．

白い大きな壁には大きな開口があり，そこが入口であり土間である．土間に連続する田の字に仕切れる室があり，ゆるやかに登る階段で水廻りとしての踊り場を経由して，2階のLDKに至る．ここに来てはじめて270°に広がる太平洋を望む．踊り場となる水廻りは，駐車場の上に片持ちで浮いているが，境界としての大きな壁が大きな梁の役目をしている．また，壁の高さは坂道の勾配に沿って下降するが，屋根もそれに合わせてHPシェル状に湾曲している．このように，大きな白い壁が全体の構造的・環境的・形状的・行為的な根拠になっている．

秋谷の家　SECTION 1

高さの違う床をつなぐように階段が上階へ導く

　敷地環境が大きくこの建物の在り方を決定している．前面道路の坂道に沿って大きな白い壁が建ち，この壁は1段下の駐車場上のボリュームを支えるための梁にもなる．2階の一室空間に架かる大屋根は，壁の高さに沿っているが，反対の窓上部は一律に抑えられた高さなので，HPシェルとなり歪みつつ海へ視線を落す役割を果たす．

　2階の天井がゆるやかに高さを変えるのに対し，1階は天井の高さは一致しながら，床の高さが変わることによる天井高の変化を構成している．それらの高さの違う床をつなぐようにしてゆるやかな階段が2階の大空間へ導く．

坂道に沿って建つ大きな白い壁

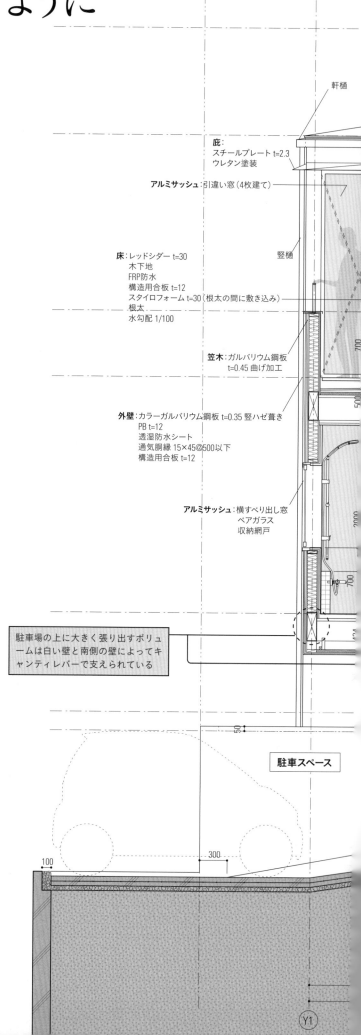

庇：スチールプレート t=2.3
ウレタン塗装

アルミサッシュ：引違い窓(4枚建て)

竪樋

床：レッドシダー t=30
木下地
FRP防水
構造用合板 t=12
スタイロフォーム t=30（根太の間に敷き込み）
根太
水勾配 1/100

笠木：ガルバリウム鋼板
t=0.45 曲げ加工

外壁：カラーガルバリウム鋼板 t=0.35 竪ハゼ葺き
PB t=12
透湿防水シート
通気胴縁 15×45@500以下
構造用合板 t=12

アルミサッシュ：横すべり出し窓
ペアガラス
収納網戸

駐車場の上に大きく張り出すボリュームは白い壁と南側の壁によってキャンティレバーで支えられている

駐車スペース

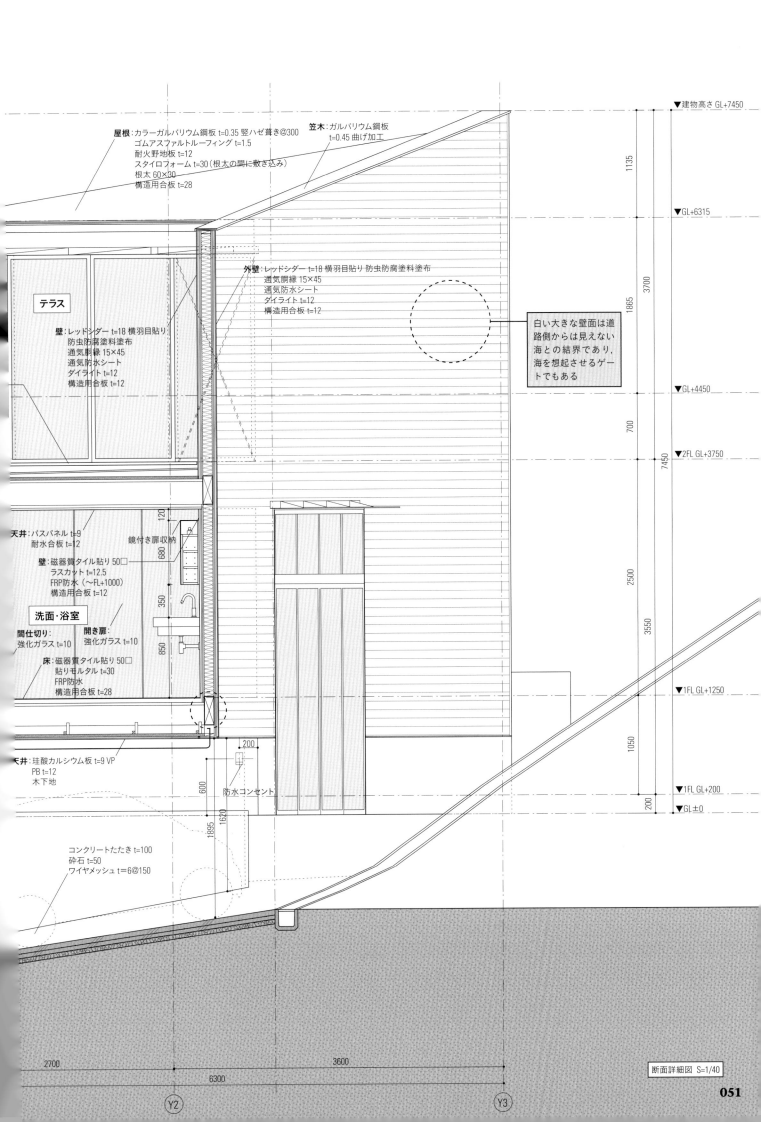

海を見渡す270°の大開口

秋谷の家 SECTION 2

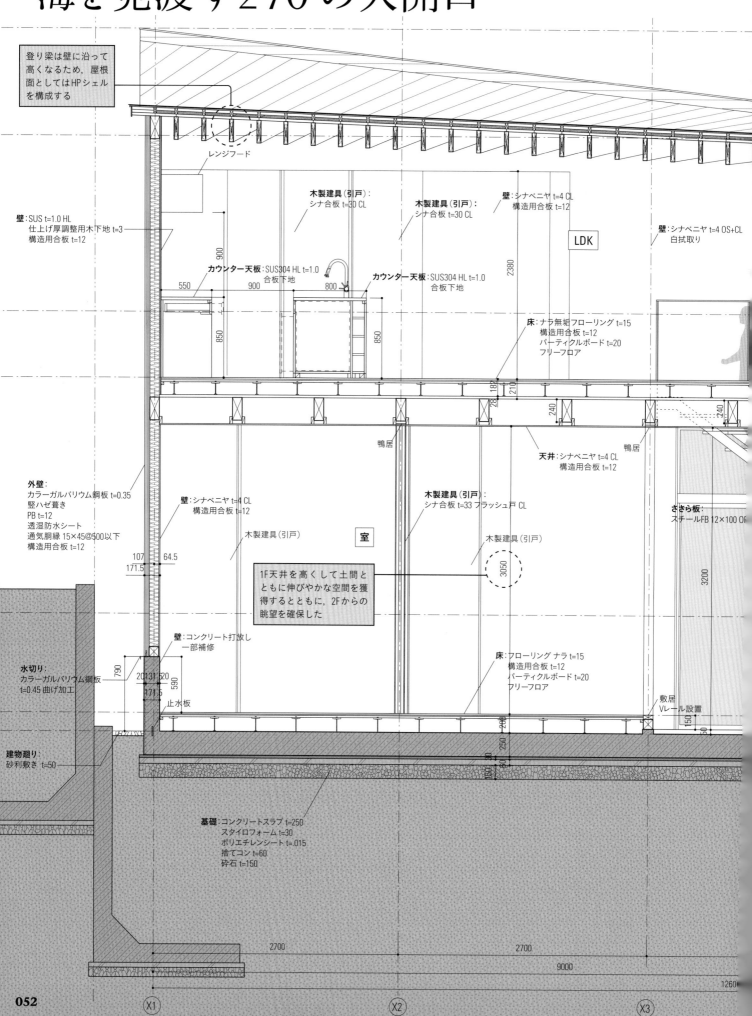

坂道に沿って壁の高さや2階の天井高さが変化している．水廻りは駐車スペースの上に片持ちで浮かされ，その上にはテラスが配置される．道路際の壁以外の面は特に2階はほぼ三方が開口部になっていて，壁量が確保できていない．ここでも鋼製筋交いを多用して，海を見渡す開口部の水平連続性を確保している．

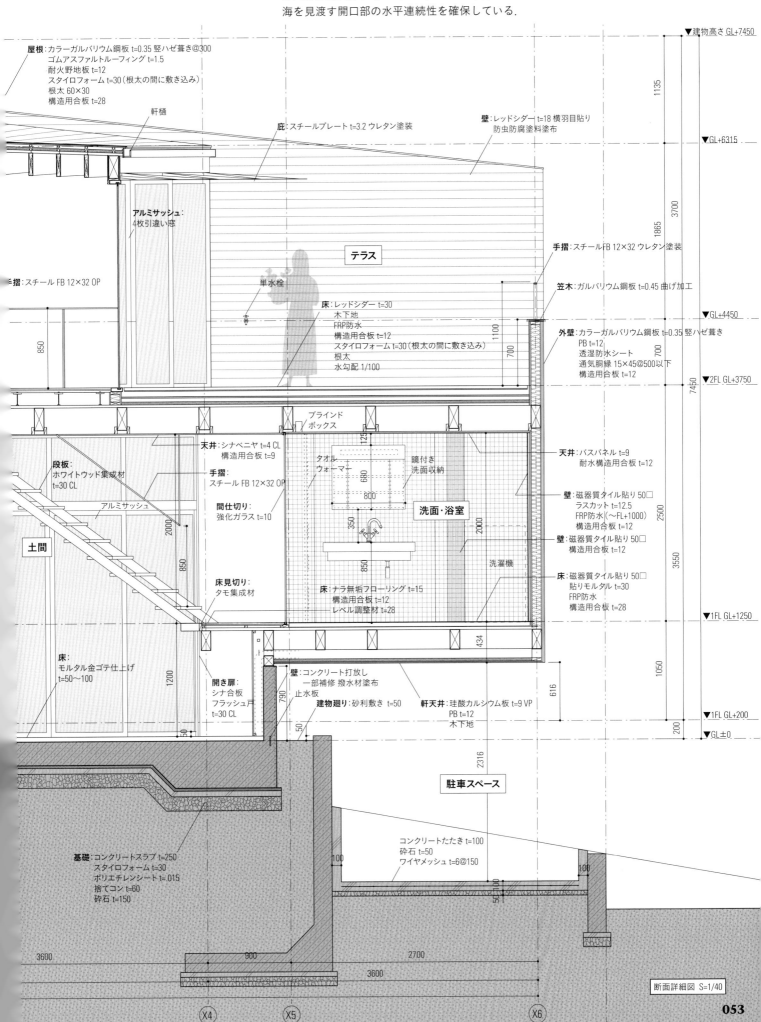

断面詳細図　S=1/40

階段をオブジェとして見せるための工夫

　土間を配置された象徴的な階段．階段の方向と平面の向きが必ずしも一致していないため，床と階段のぶつかる部分は少しひずみが出る．ここを原寸で現場調整しながら最終形としていった．階段を独立したオブジェとして見せるためにも，手摺とは独立して考えている．手摺は2階の床から垂れ下がるように設置された．

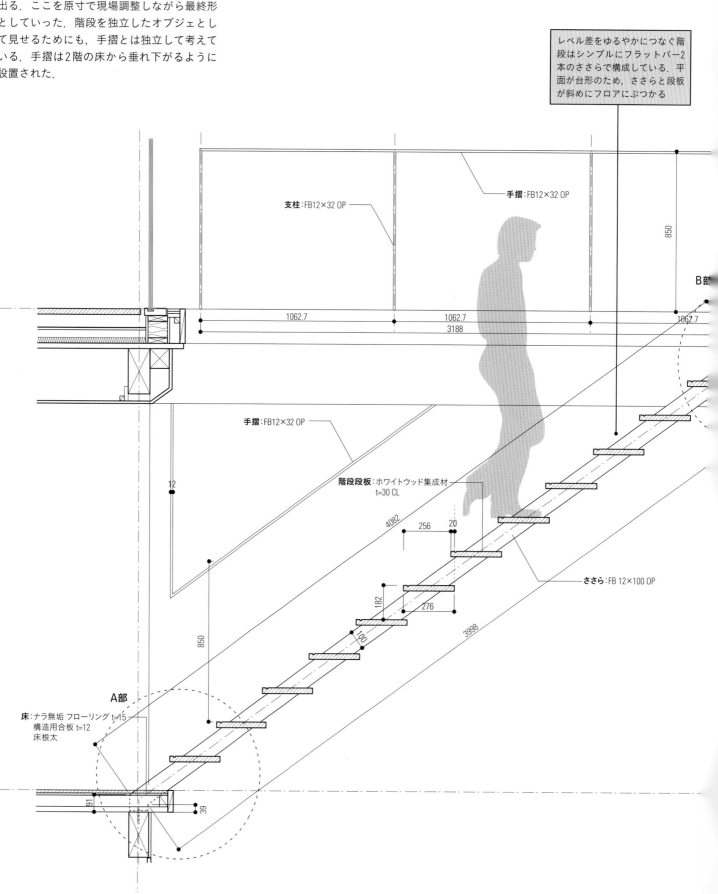

レベル差をゆるやかにつなぐ階段はシンプルにフラットバー2本のささらで構成している．平面が台形のため，ささらと段板が斜めにフロアにぶつかる

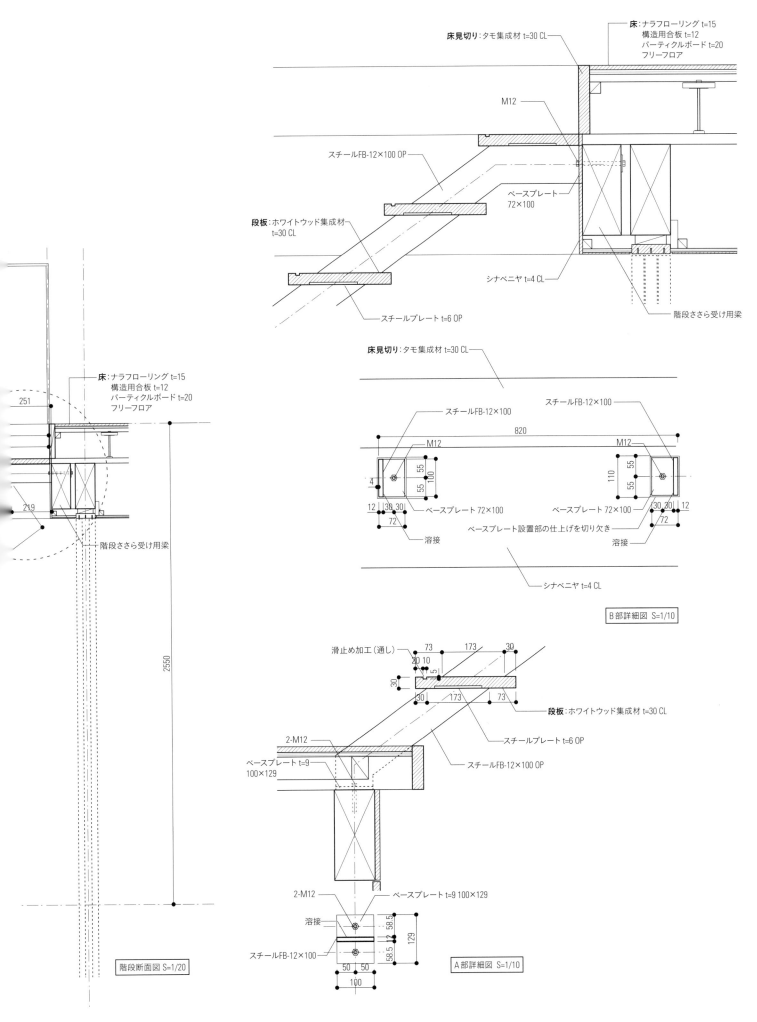

SUMMARY

佐野の大

郊外の分譲住宅地．畑だった土地が急に区画整理され，さまざまな個性をもった戸建て住宅が建ちはじめる．この敷地は従来の畑の風景との境に位置する．新たな人々が集う住宅地において，何らかのコミュニティのきっかけとなるような住宅にならないか，そんなことを意図している．

建物形状は，大きな方形の屋根が分譲地のエッジと裏の敷地境界でブツッと切断されたようである．切断面はそのまま三角形の断面が分譲地の個性を競った住宅と重ねて見えるようにし，他の二辺は大きく庇の伸びた縁側としている．大屋根は棟木を鉄骨とし，集成材の垂木をそのまま現して並べている．室内は大屋根の下，ほぼ一室空間で引戸によって使い勝手を調整する．大屋根には2か所に穴が穿たれて，テラスとなる．テラスは室内に深い屋根の奥まで自然光を導き，風の流れを生み出す環境調整装置でもある．

屋根

佐野の大屋根 SECTION 1

大きな方形屋根が一室空間に覆い被さったように

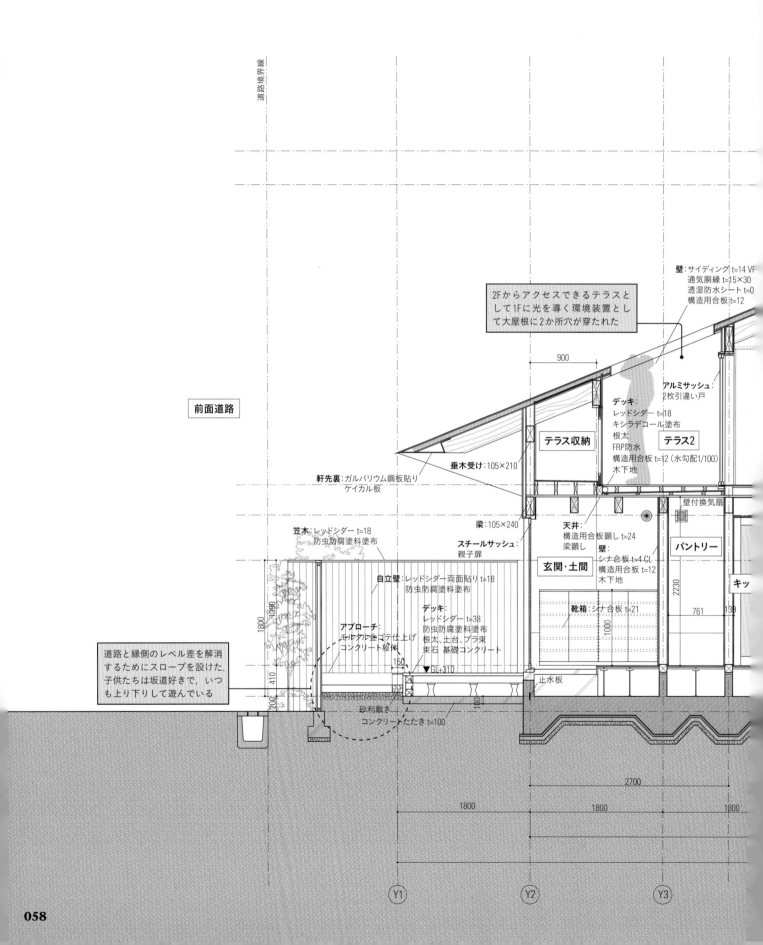

建設途中から大きな屋根の存在に気づき，近所の新たな住人たちが集まるようになっていた．竣工後は学校帰りの子供たちが縁側を走り回ったり，親たちが縁側の片隅に座って，井戸端会議をしている様子が絶えなかった．

縁側に面する辺には壁がほぼない一方で，他の二辺はほぼ壁である．このような平面形状に大きな方形屋根を被せているが，構造的にはきわめて不安定な状況が生まれる．下部の壁と上部の屋根にねじれが生じてしまうため，棟を支える2本の柱部分ともう1か所の計3か所に，L型の壁とつなぐように桁を設けてねじれを防いでいる．大屋根が被さったように見せるため，支えるL型の壁部分も1・2階であえて厚みを変えて表現している．

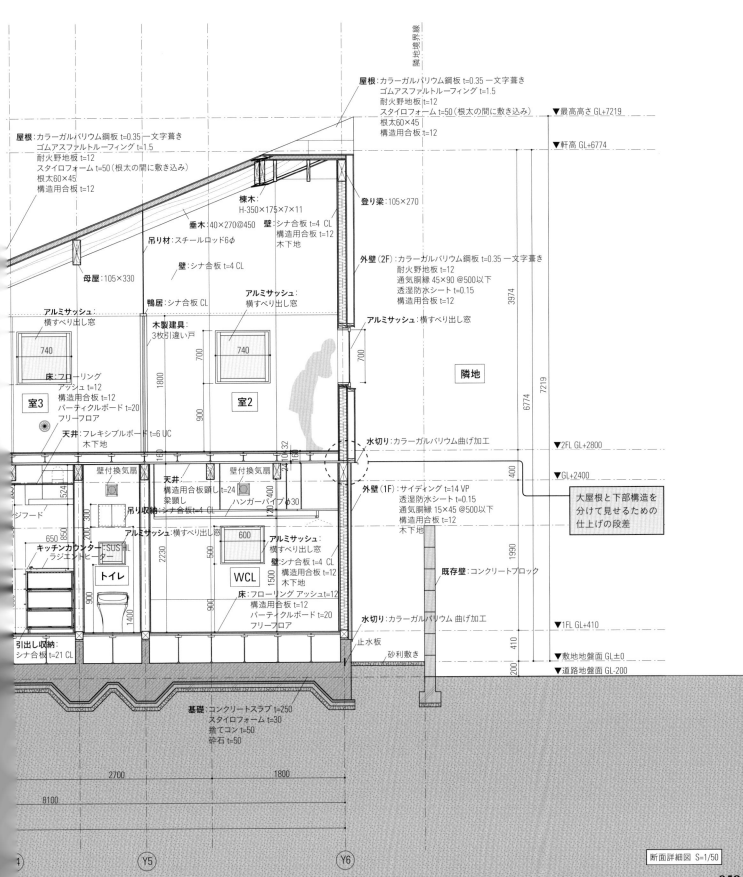

断面詳細図 S=1/50

佐野の大屋根 SECTION 2
室内と縁側の連続性を支える木製建具

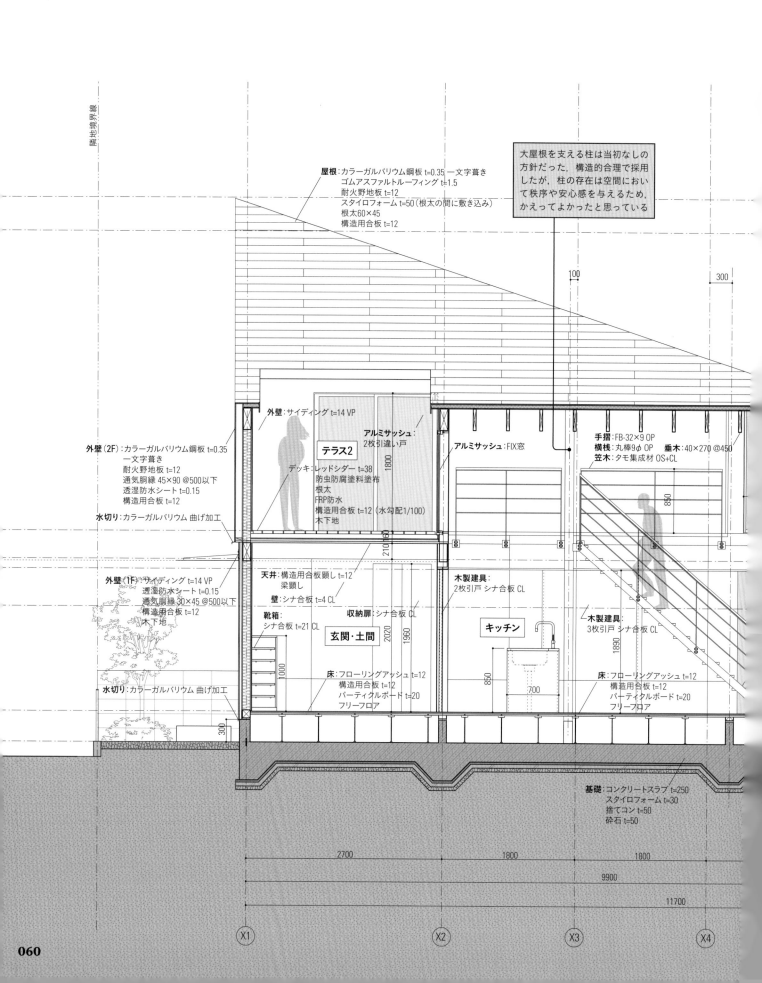

室内と縁側の連続性が非常に重要であると考え，床の連続性，建具の開放性を求めて木製建具の引戸を特注で製作している．長手では4本のガラス框戸がスムーズに端部に引き込まれ，室内側では同様に障子が引き込まれる．建具の溜まりとなる部分はFIXとし，そこに壁量を確保するために鋼製筋交いが設置されている．

縁側は長手で2000ミリ，短手で1800ミリの幅があり，垂木の持ち出しとなるが，各辺の中間部では垂れが生じるため，先端に金物を通して引っ張りあげる形で補強している．

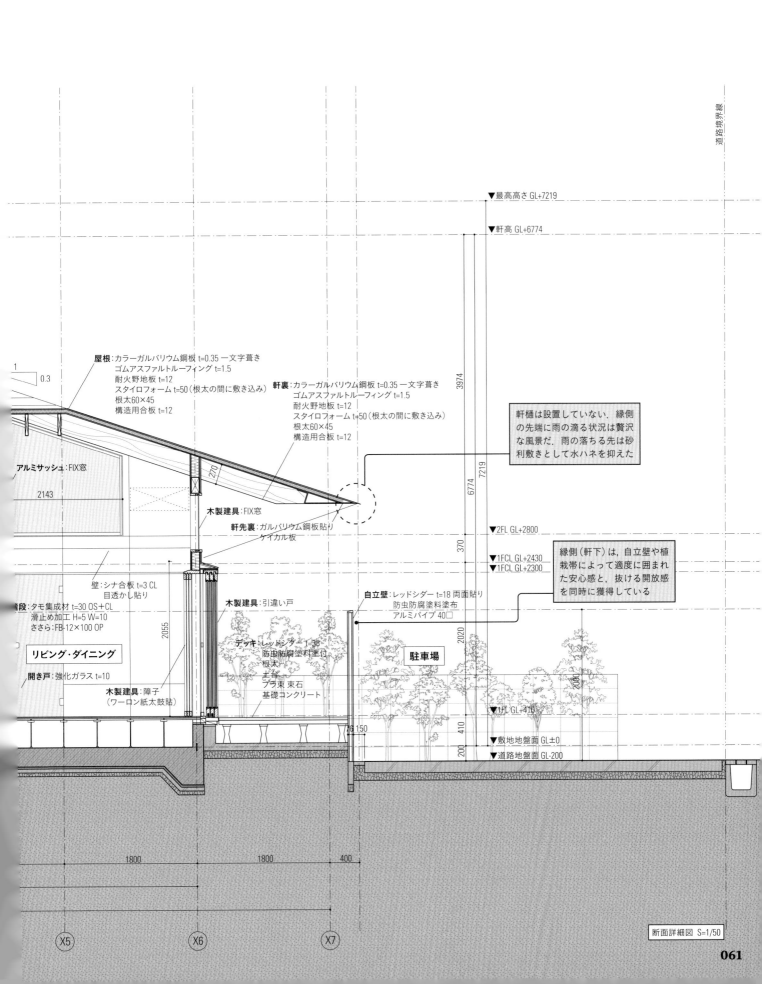

断面詳細図 S=1/50

先端に溝型鋼を設置して
シャープな軒先空間に

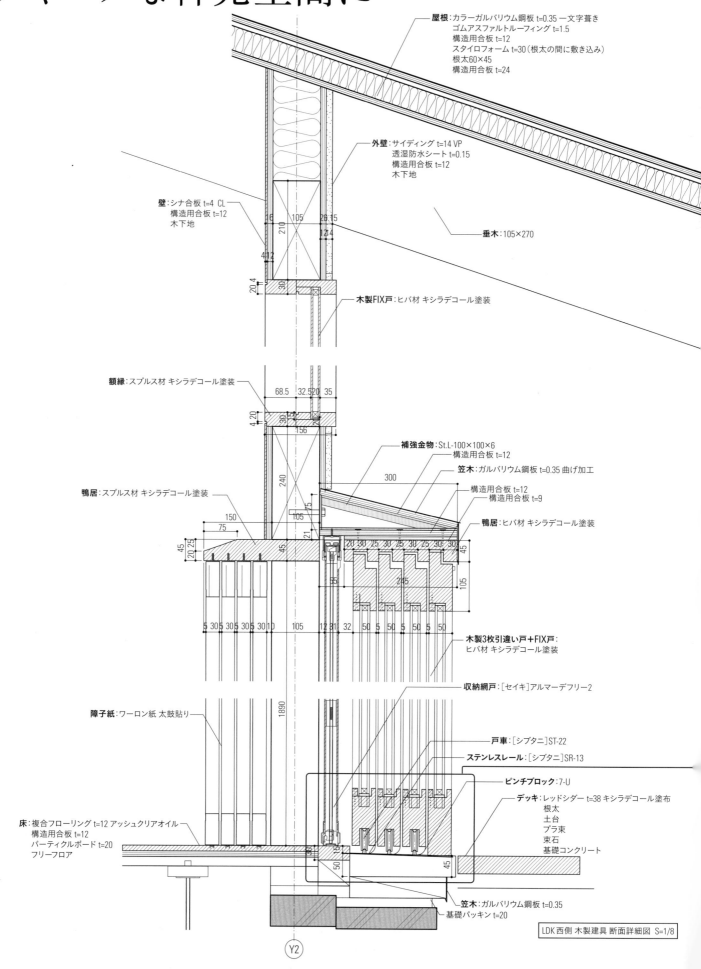

LDK西側 木製建具 断面詳細図 S=1/8

軒先はなるべく屋根の形をシャープに見せるとともに，縁側の先端の境界を明快に見せることを意識した．各辺の中央部の垂木の垂れを抑えるために，先端に150×150の等辺溝型鋼を設置し，壁とH鋼の棟木から引っ張りあげることとした．溝型鋼より先はブラケットにて三角形の部材を取り付け，それをガルバリウム鋼板で包むことで，きわめてシャープな軒先を生み出すことができた．

縁側と室内を間仕切る木製の引戸と障子は，アコーディオン網戸も含めて，一体的にシンプルに見えるように工夫している．鴨居高さを同じとし，外部側は持ち出しが長いので金物で補強している．網戸を二つの鴨居の間に挟み込み，枠などが隠れるようにしている．

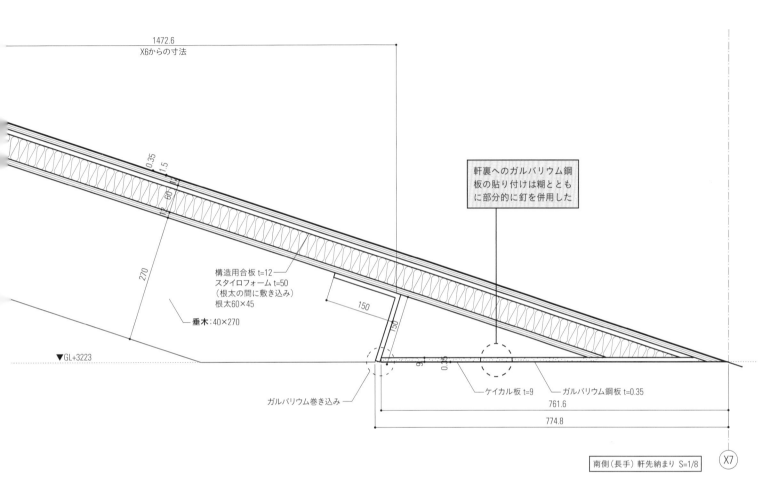

南側（長手）軒先納まり S=1/8

長く伸びた軒先

SUMMARY

都心から少し離れたこの地域は，まだ空地や畑が残り，建物とそれ以外がマーブル状に混在している．このような状態を敷地内にも取り込み，内部と外部が等価にあるような状態をつくれないかと考えた．敷地内には四つのボリュームが配置され，それらを廊下がつないでいる．西側の隣地境と前面道路側に自立塀を立てることで，二つの中庭とアプローチ庭，東に開かれた外庭が形成されている．各ボリュームにはそれぞれの特徴に応じた広さと高さが与えられ，四つの箱がランダムに置かれたように見える．

リビングと中庭は，全開閉の建具で一体的な場となる．一方，東に穿たれた窓からは豊かな外庭の緑が風景として飛び込んでくる．渡り廊下の中庭側は全面開口に，反対側には外庭の足元が垣間見えるように窓を設けている．キッチンや浴室・洗面室からはバステラス（坪庭）を配し，自分だけの外部空間を意識させる．寝室からは外庭の豊かな緑を見下ろすことができる．これらの体験は，周辺環境において建物と畑や空地が交互に現れ，無意識に感じている街の風景と重なる．つまり，この住宅は周辺の街そのものともいえるのだ．

狛江の家 / SECTION 2

四つの箱と三つの庭を交互に配置する

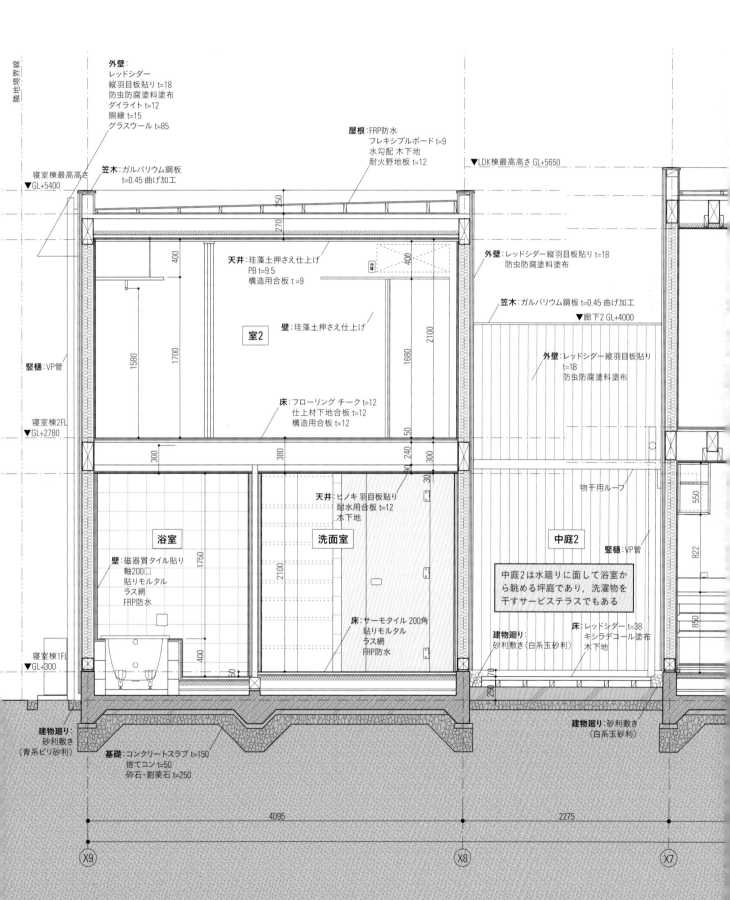

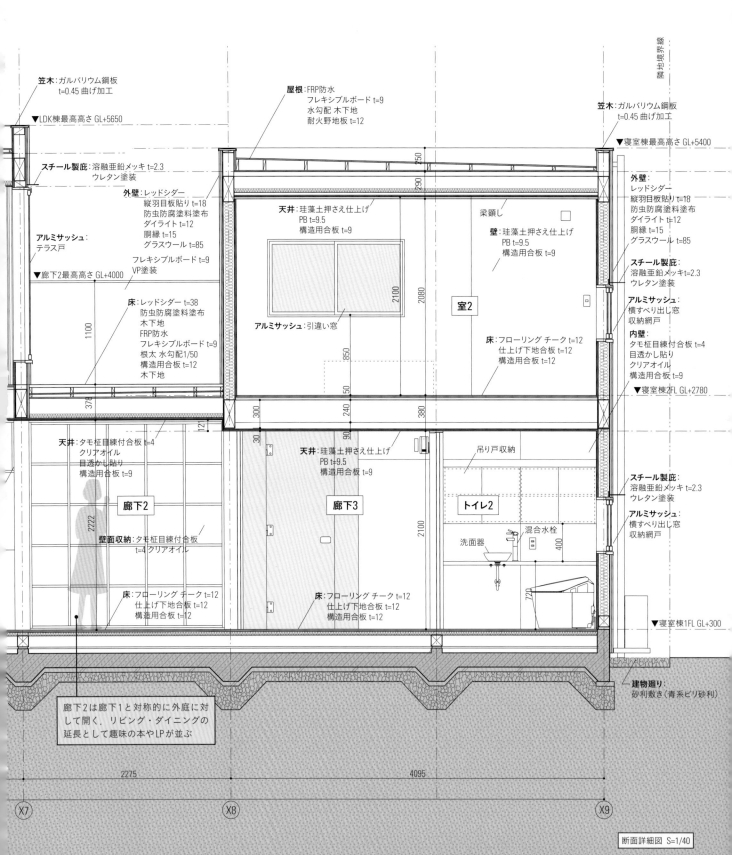

断面詳細図 S=1/40

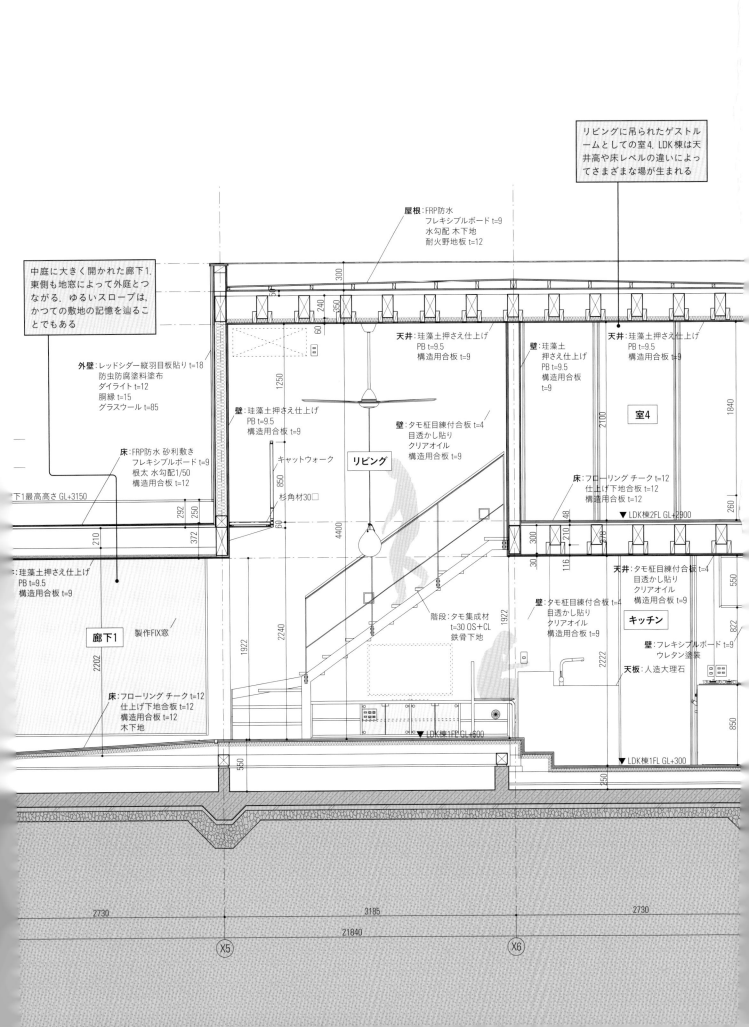

長手方向は四つの箱と三つの庭が交互に配置されている．中庭はなるべく室内とレベルを揃えるように，建具の納まりを工夫している．それぞれの庭は仕上げを変化させているが，すべて建物に接する部分には砂利を設け，水ハネなどによる外壁の汚れ，基礎高さ確保などの防水性能などを担保するとともに，垂直面と水平面のぶつかる部分に異素材を差し込み，物と物との関係を調停している．

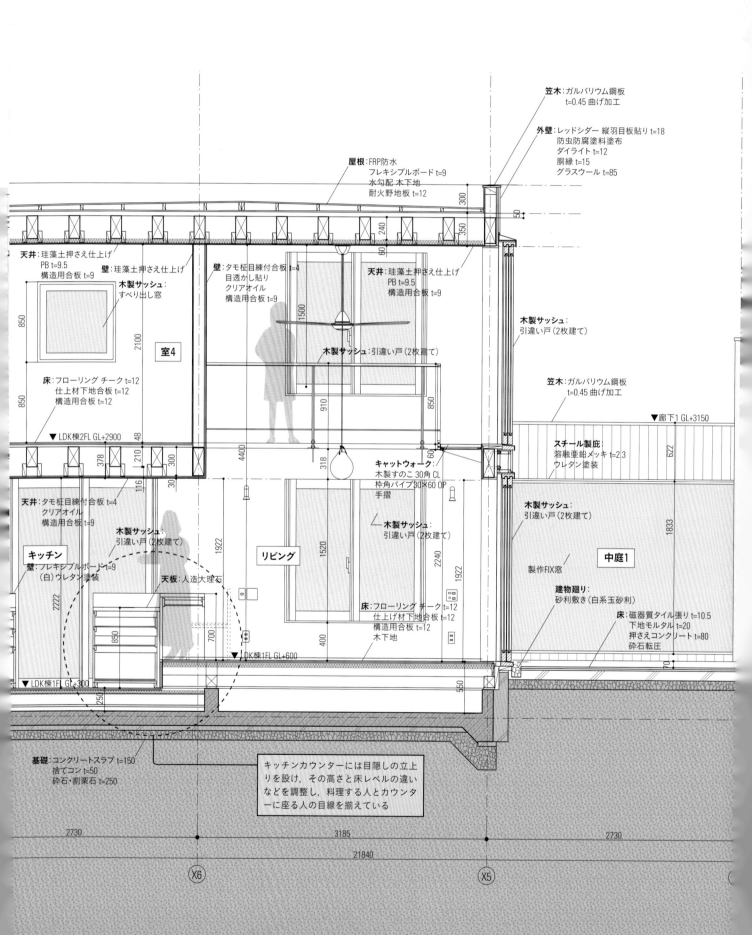

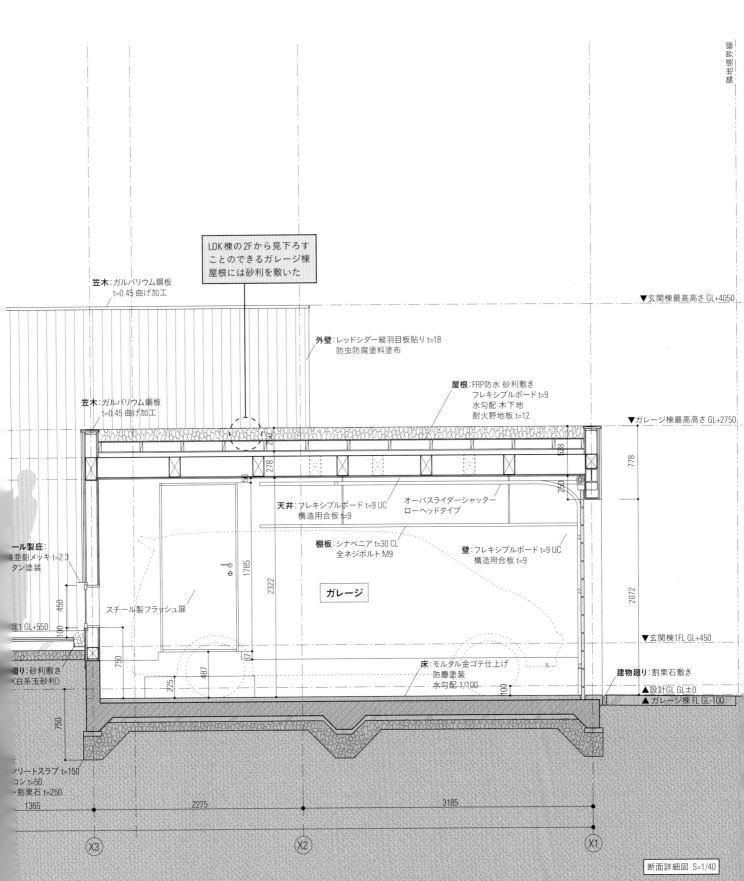

断面詳細図 S=1/40

開口部廻りの見付は20ミリに統一させる

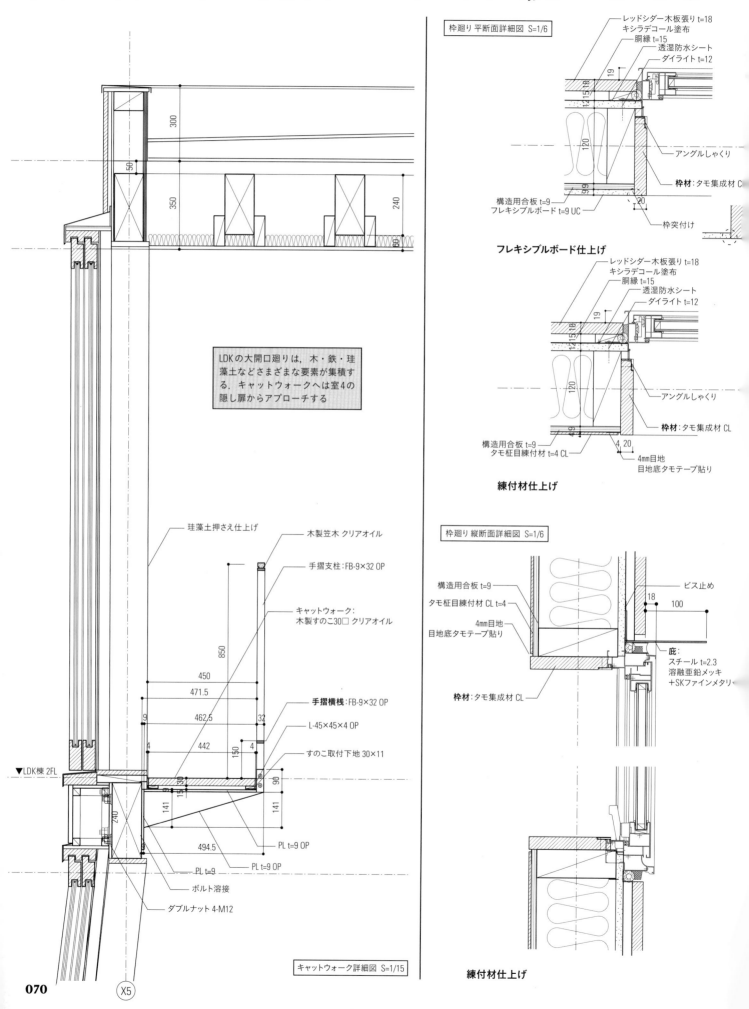

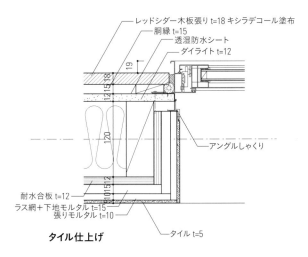

タイル仕上げ

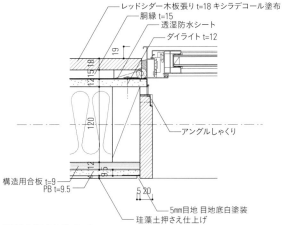

珪藻土押さえ仕上げ

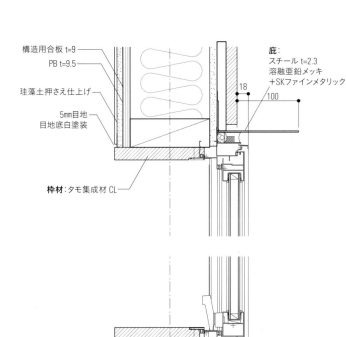

珪藻土押さえ仕上げ

見切りコーナー部詳細図 S=1/6

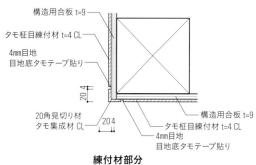

練付材部分

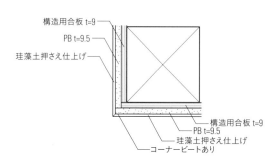

珪藻土塗り回し部分

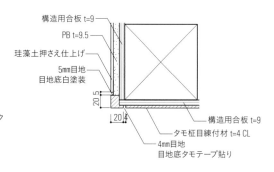

珪藻土 練付材部分

　外部との関係性をテーマの一つとしているため，開口部廻りの納まりは慎重に吟味されている．
　リビングの開口部は製作の木製建具としているが，中庭に面した大開口は完全に引き込めることを重視し，枠を消したりアコーディオン網戸のレールを隠したり，さまざまな工夫をしている．吹抜けに面する2階の窓はキャットウォークによって操作するが，鉄骨によって持ち出されたブラケットに繊細な木製のすのこが載り，格子状の光と影とともに，窓廻りのアクセントとなる．また，いくつかの素材をなるべく直接関係づけたいため，コーナーの処理には常に気を使う．今回は開口部には枠を設け，コーナーにもコーナー材を設け（珪藻土同士以外），双方とも見付を20ミリで統一した．

木造＋RC造住宅

上大岡の家
材木座の家
千歳船橋の家
東小岩の家
海老名の家
西荻の家
代々木西原の家
甲府の家
浦和競馬場の家
相生の家
諏訪山の家

CHAPTER 2

SUMMARY

上大岡の家

　南北に接道する短冊状の敷地．各接道は一方通行で狭く，しかもバスも通る交通量の多い道路である．周囲は古い木造住宅や店舗が密集し，外に対して開くことは困難に思われた．北側道路から侵入し，南に抜けることができる駐車場をRCでトンネル状につくり，その上に中庭を挟んだ2棟建てのような構成とし，生活の意識が中央に寄るようにした．南北の道路に対しては，木製のルーバーによってやわらかく視線を遮りつつ，光や風を透過させることとしている．特に南面は全面にルーバー戸として，天気や季節によって開閉可能にしている．

　南側の棟は上下に寝室を積み，北側は吹き抜けたリビング・ダイニングと寝室，家事室などである．すべての部屋から中庭を意識できるような構成としているが，特に2階での南北への視線の貫通が特徴的である．敷地がもつ南北に抜けるという特性を空間内部に持ち込み，それが家族の関係性の軸となることを期待している．南北のエントランス近辺の庭や中庭には積極的に季節を彩る植栽を計画し，密集した周辺環境に潤いを与えるとともに，遠景の山肌の緑に意識をつなげる．

視界の広がりは1/20模型でスタディする

上大岡の家 SECTION 1

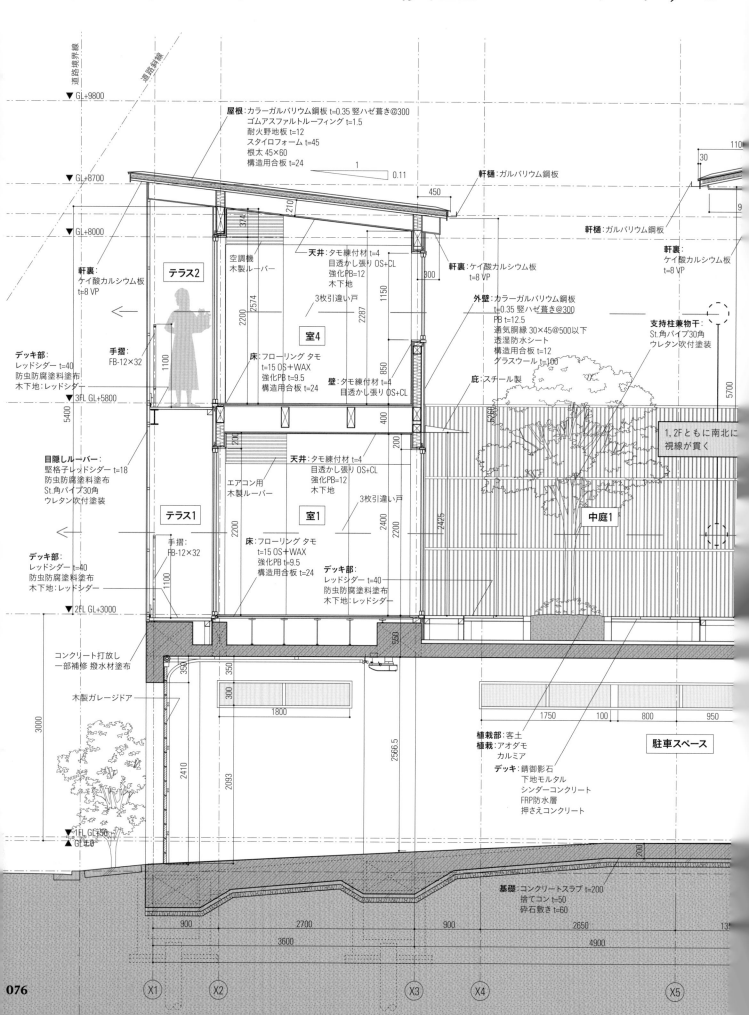

中庭を挟んでいる二つのボリュームの屋根の高さや勾配は慎重に検討された．2層のボリュームに囲まれるので，圧迫感が発生する可能性もあるためだ．また，南からの自然光を遮るおそれもあった．視界の広がりなども含め，1/20の模型で入念にスタディをして決定している．南道路に面するテラス1・2は縁側のような中間領域，中庭2は北側道路の交通から距離をとって洗濯物などを干すサービステラス，中庭1は生活の中心としてセカンドリビングとなる外部である．さまざまな外部空間が密集地での住宅を豊かにする．

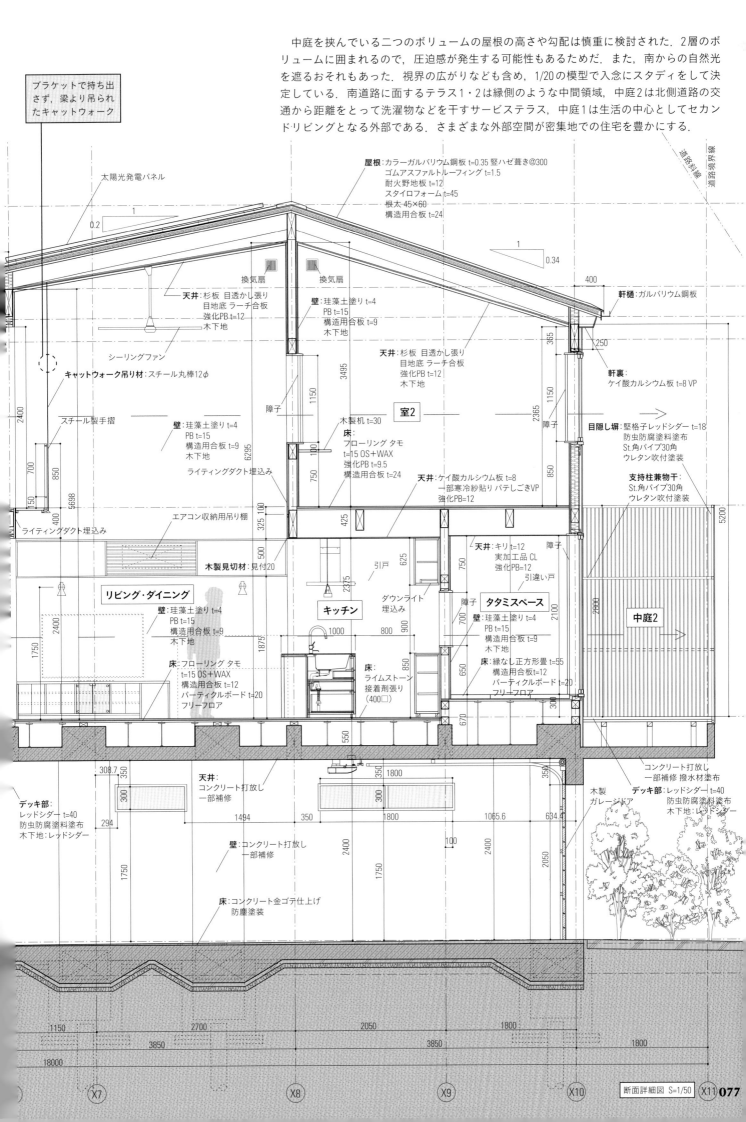

ルーバー天井で南北に抜ける方向性を

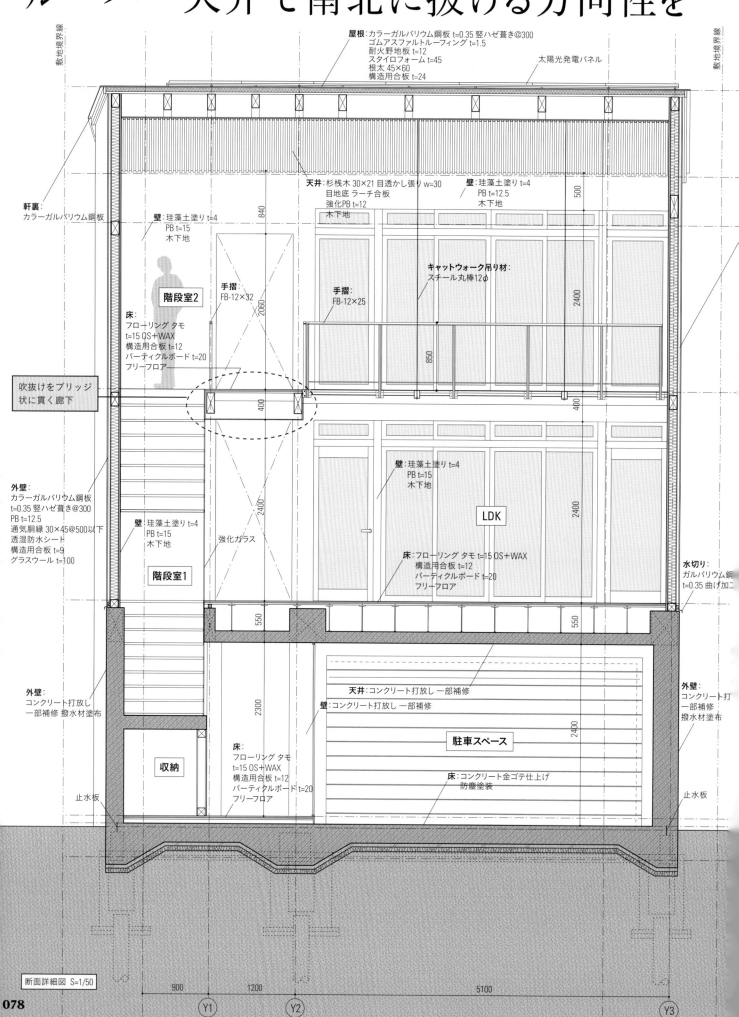

中庭の幅で居室が並列され，その東側に渡り廊下のような空間が付加された構成である．階段室や収納，水廻りは付加された空間に収容される．3階建ての木造のため構造材は被覆されるが，木質のやわらかい空間性と南北に抜ける方向性を与えるため，LDKと室2・3の天井は杉の桟木を並べてルーバー状としている．

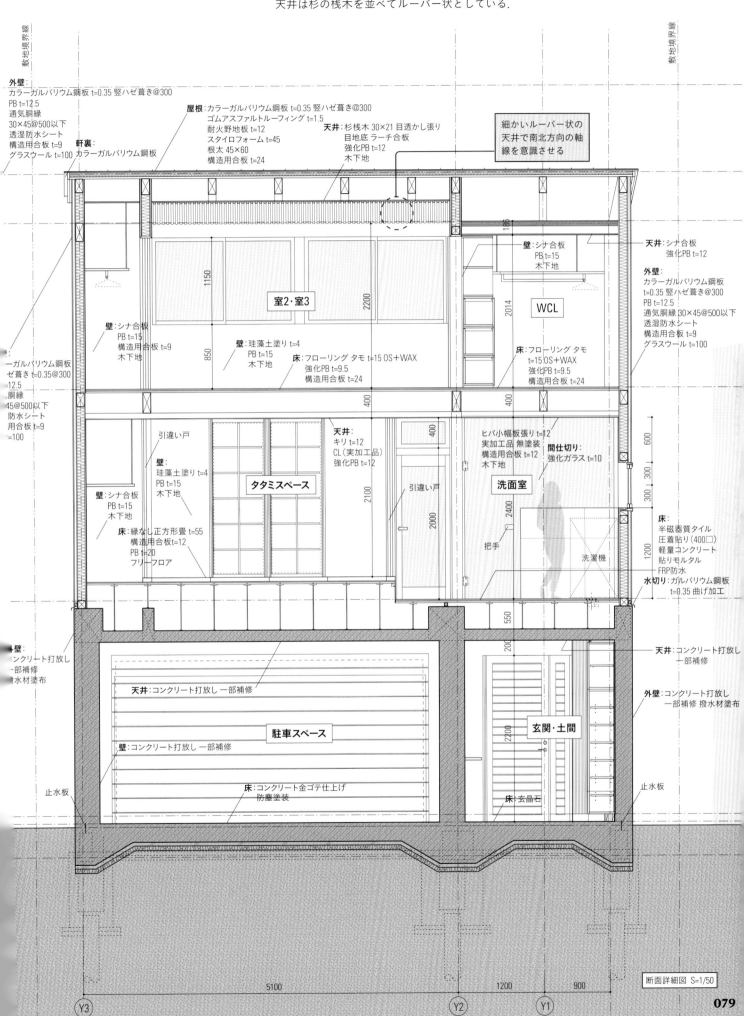

断面詳細図 S=1/50

全面ルーバー開き戸による南側ファザード

上大岡の家 DETAIL

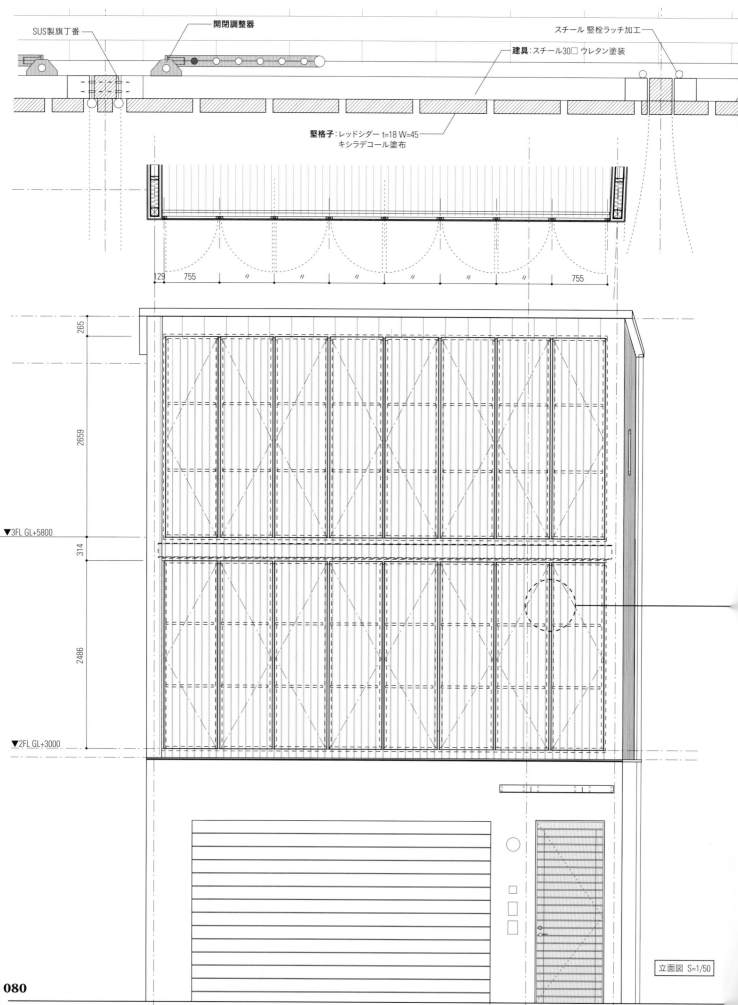

立面図 S=1/50

フレーム：スチール □-30×30 t=1.6
ウレタン塗装

外壁廻り 平面詳細図 S=1/5

　南側ファサードは全面ルーバー開き戸としている．交通量が多い狭い道路からの視線を遮りつつ，自然光や風を取り込み，ときには解放して洗濯物を干したりもする．それを可能にするため，手動でできるだけ簡易に開閉できる仕組みを考えた．スチール角パイプで組んだフレームに縦格子状に木板を貼り，旗丁番で吊り調整開閉器を付けただけのシンプルな構成である．

両開きを4セット横並びにした雨戸は，開く角度によってランダムな表情を見せ，前面道路の雑多な雰囲気に合致させた

全面ルーバー開き戸で構成されたファザード

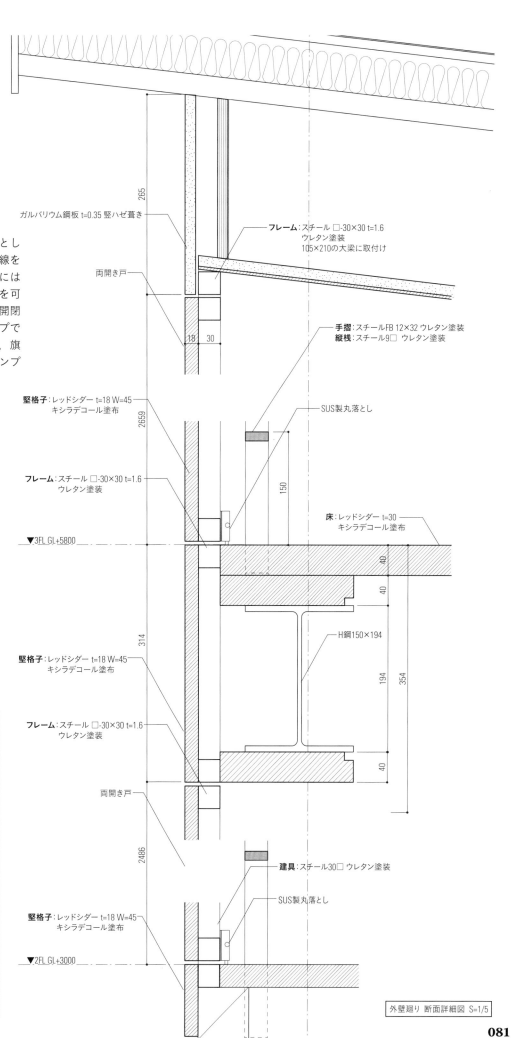

ガルバリウム鋼板 t=0.35 竪ハゼ葺き

両開き戸

フレーム：スチール □-30×30 t=1.6
ウレタン塗装
105×210の大梁に取付け

手摺：スチールFB 12×32 ウレタン塗装
縦桟：スチール9□ ウレタン塗装

竪格子：レッドシダー t=18 W=45
キシラデコール塗布

SUS製丸落とし

フレーム：スチール □-30×30 t=1.6
ウレタン塗装

床：レッドシダー t=30
キシラデコール塗布

▼3FL GL+5800

H鋼150×194

竪格子：レッドシダー t=18 W=45
キシラデコール塗布

フレーム：スチール □-30×30 t=1.6
ウレタン塗装

両開き戸

建具：スチール30□ ウレタン塗装

SUS製丸落とし

竪格子：レッドシダー t=18 W=45
キシラデコール塗布

▼2FL GL+3000

外壁廻り 断面詳細図 S=1/5

SUMMARY

材木座

の家

鎌倉の東端，山の麓に位置し，北側には急な崖を背負っている．西に向かって左手には海を眺め，正面には遠く富士山が鎮座している．この風景に向かって，二つの筒状のボリュームが角度を付けてぶつかったような構成である．安全条例から北側は崖の土量に応じた擁壁としてのRC壁が必要となり，北側の壁は1層分のみRC造となっている．RCの壁に片方の脚が短いコの字型の門型フレームを並べた．門型フレームはSPF材で柱をシングル，梁をダブルとしてボルトで縫うことで剛性を獲得している．

西側の開口は引戸で全部引き込むことができる．目の前の楓の木とともに風景が飛び込んでくる．空気は外気と混ざり，内外部の中間領域的なリビング空間となる．玄関から寝室まで扉はなく，ひとつながりの空間となっている．構造フレームの外側で断熱を行い，建具は木製で外気の影響を受けにくいパッケージとしている．この住宅にはエアコンがなく，夏は東西南北の窓を開け放つことで風を通し，冬は薪ストーブ一つで建物全体の暖房をまかなっている．

材木座の家 SECTION 1

中間領域としてのリビング空間

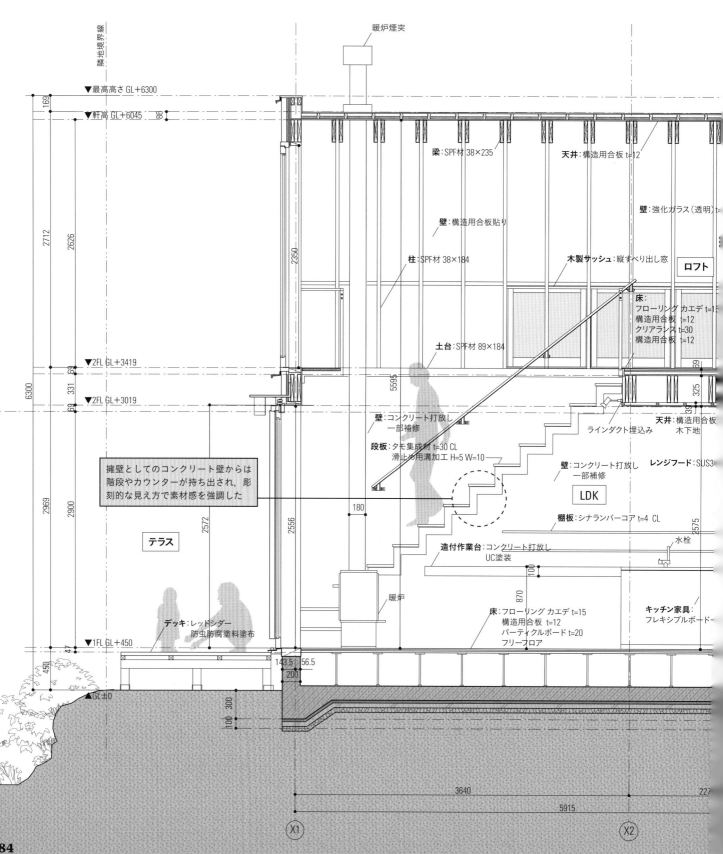

玄関・土間から西側のボリュームに進入すると，天井高2.6メートル弱のダイニングスペースを抜け，5.6メートル弱の巨大な気積のリビングに至る．RCの壁沿いを2階に上ると2.6メートルほどのロフトで，そこは二つのボリュームの要となる浴室とガラス壁が連続している．浴室脇の狭い廊下を抜ける途中に370ミリほどの段差を経て寝室に至る．それぞれの場の天井高や幅には意図された変化があり，それらを日々経験することで，この土地の環境と住空間での経験が呼応して，特有の生活が生まれる．

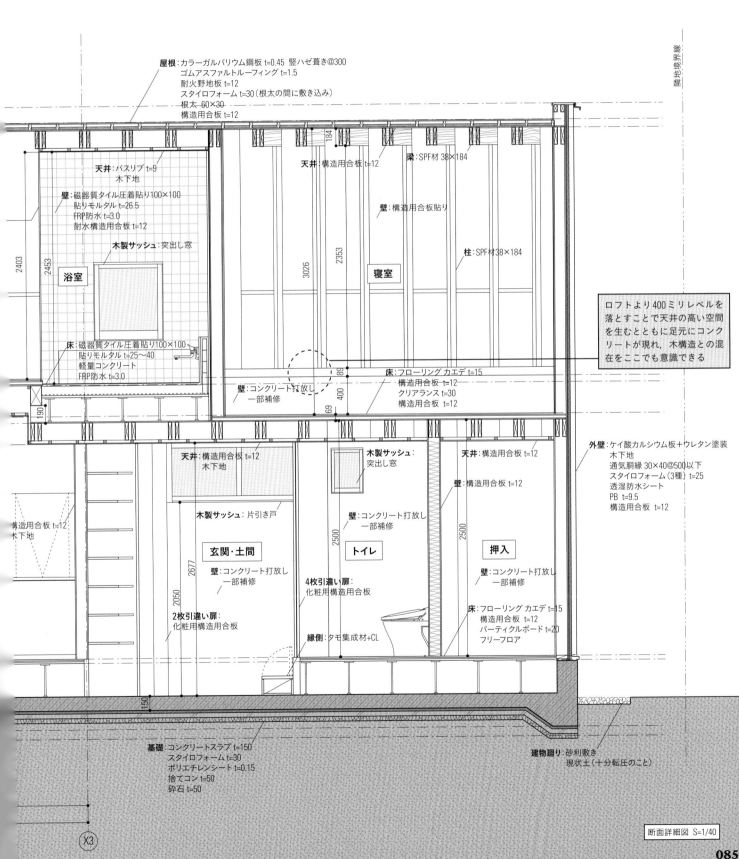

断面詳細図 S=1/40

透明性の高い空間を内包する門型フレーム

材木座の家 SECTION 2

北側に崖を背負っているため，1階の北側だけがRC壁となる．これによって，門型フレームの構造的剛性は強化され，透明で抜ける空間が構成されている．柱は38×184，梁は38×235のダブルで，梁が柱を挟んでボルトで縫うことで剛接合としている．柱梁はそのまま露出され，建物の成り立ちそのものが空間として現出している．柱の間に板を差し込むことで本棚はどこにでも追加できる．

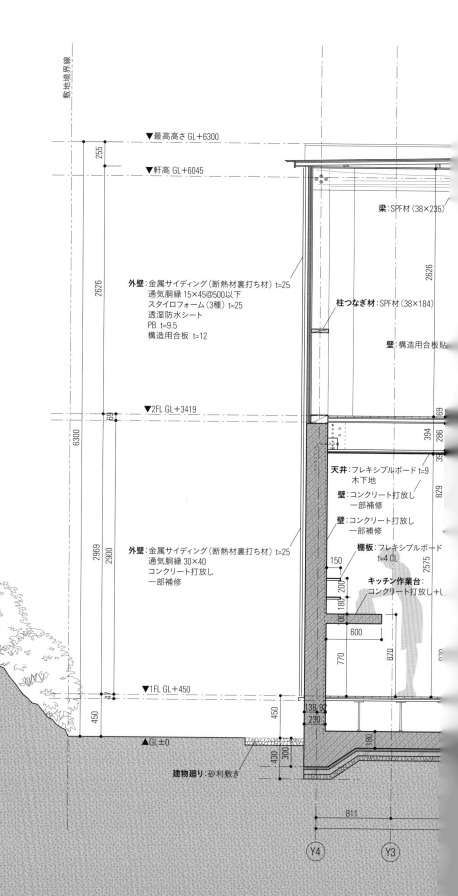

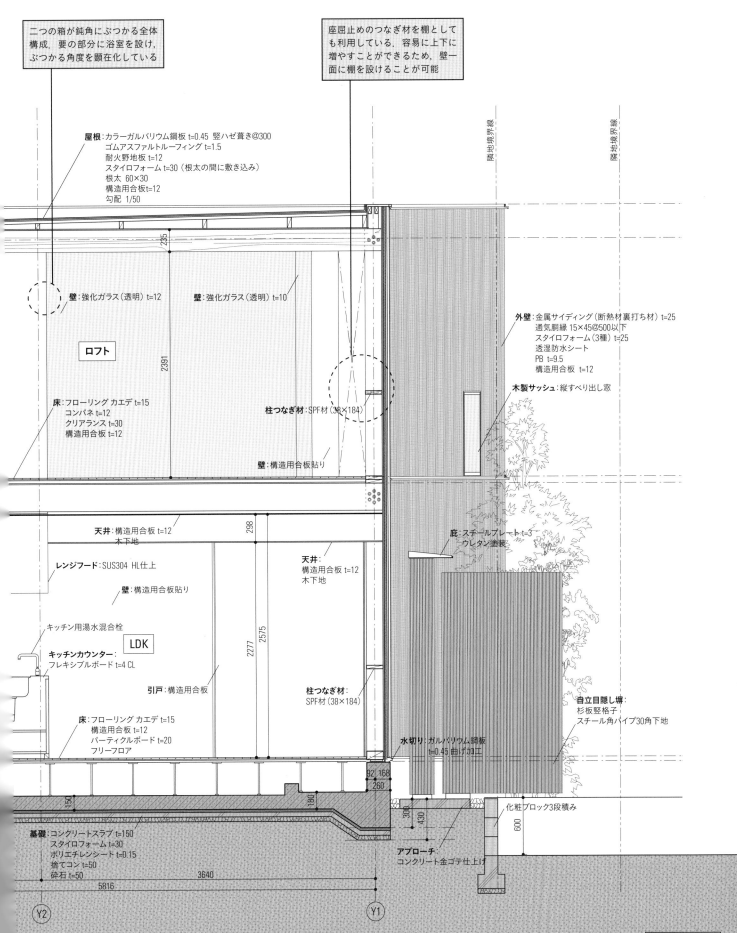

断面詳細図 S=1/40

大開口には開閉やメンテナンスのために
キャットウォークを設ける

　吹抜けに対して大開口を設けるとき，開閉やメンテナンスのためにキャットウォークを設けることが多い．その際，なるべく建物全体の構造がわかりやすい仕組みを与える．この場合は梁を柱で挟み込むことを応用し，柱を2枚のフラットバーで挟み込み，同時にグレーチングも挟み込む．木製の手摺とその支柱も挟み込まれて全体が一体となる．

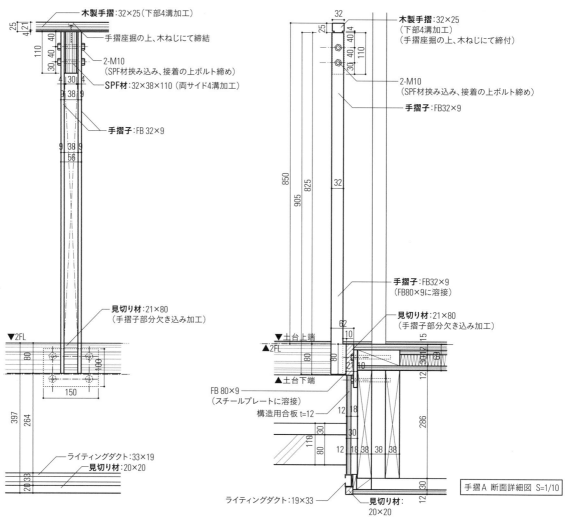

手摺A 断面詳細図 S=1/10

> 構造材の挟み込む接合方法を手摺やキャットウォークなど手元のディテールまで共通表現とする

手摺をスッキリ見せている

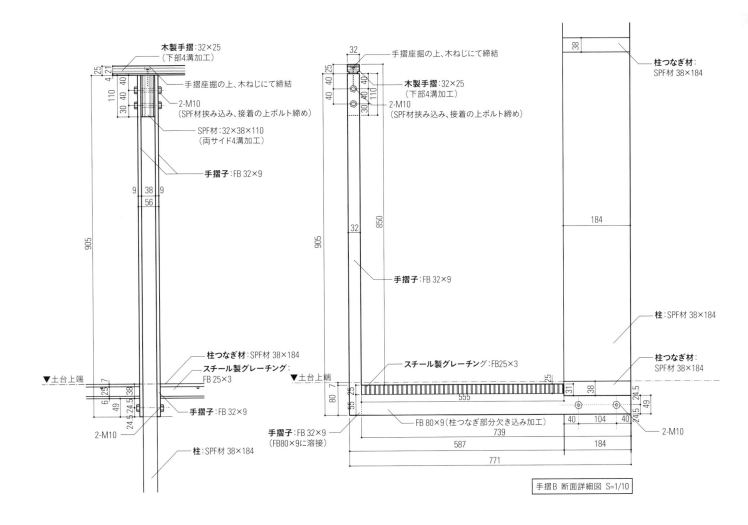

手摺B 断面詳細図 S=1/10

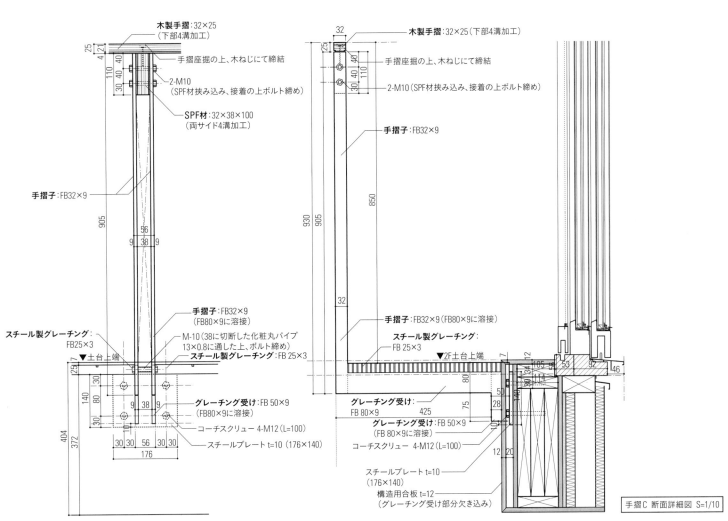

手摺C 断面詳細図 S=1/10

SUMMARY

千歳

船橋の家

南側に公園を望み，北側には隣地建物が迫っている．南側に大きく開くためにも最大限の高さを確保し，北側は日影を考慮してなるべく低く抑えている．短冊状の敷地形状のため，北から南に片流れで，屋根が大きく主張する形状となった．北側にはガレージとアプローチ，南側にはリビングに続くテラスの上にも屋根を片持ちで大きく張り出し，内外部が混在するような縁側的な中間領域が発生している．内部はロフト状の3階から2階，1階の土間にかけて階段状の一体空間である．

屋根は矩形平面を四周の壁のみで支えるため，版としての剛性が求められた．この版を木造で成立させるために考えだされたのが，105角の製材を格子状に並べて3層とし，それをボルトで縫い合わせる方法である．材はすべてトラックで運べる6メートル以下なので，長手方向に2本の材で1本を挟み込み，縫い合わせて1本の材とした上で上下に重ね合わせている．さらに，この屋根版が版として自立していることを示すとともに，壁上端からやわらかな自然光が空間を満たすべく，屋根版はRC壁から金物のベースで浮かせている．

千歳船橋の家 SECTION 1
製材を3層・格子状に重ねて屋根版とする

屋根のみが木造の壁式耐火構造である．RC部分は外断熱工法とし，FRC外断熱パネルを型枠代わりとして一体で打設している．屋根版は製材を3層に格子状に重ね，梁せいを稼ぐとともに版としての剛性を確保している．

1階は個室群が収まりRC躯体に包まれた安心感のある空間として，2・3階は木造の大屋根の勾配に沿って南に開けた開放感のある空間としている．屋根はRC壁には直接載らずに金物で持ち上げられ，四周がすべてハイサイドライトとなる．

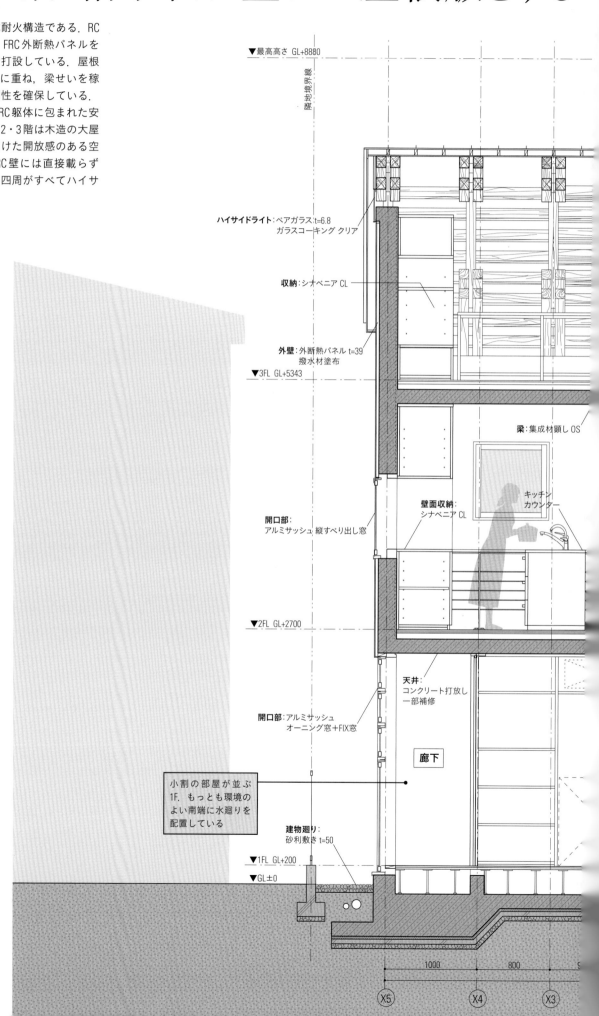

小割の部屋が並ぶ1F．もっとも環境のよい南端に水廻りを配置している

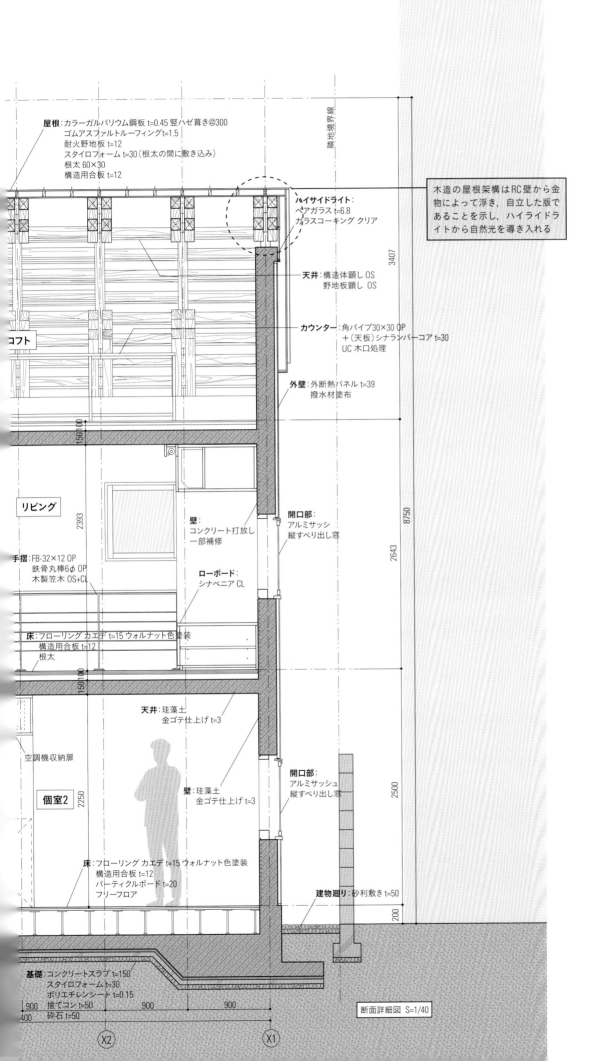

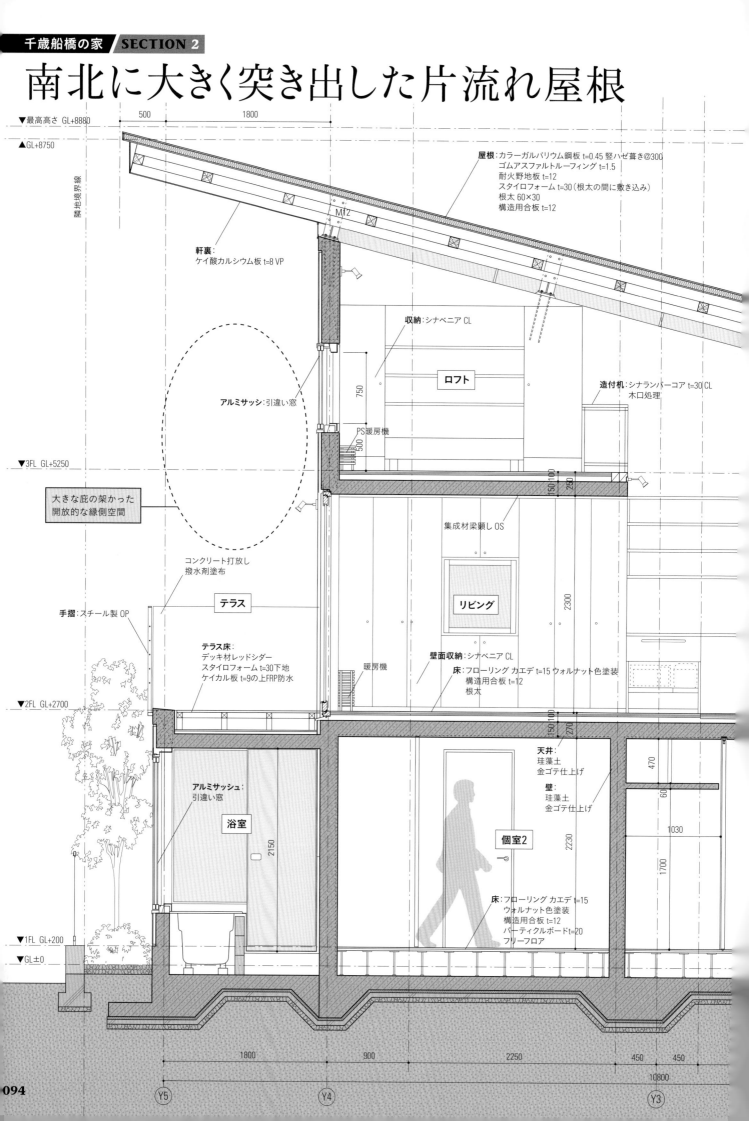

南に向かって片流れで上っていく大屋根は，そのまま階段状の空間に呼応している．駐車場は2700スパンと片持ちで大きく張り出した大屋根に覆われ，屋外の作業場ともなる．土間とは全開口折戸でつながり，さらに寝室も引戸を開くと一体空間となる．土間は屋根まで吹き抜けていて2階のリビングと連続する．3階は最南端に浮遊するようにあり，屋根に手が届くほど近づくことができる．

玄関に入ると吹抜けと屋根に沿ってつながる建物全体の空気感を感じ取ることができる

2層分の高さのある軒下空間は折戸を開放して個室1，土間と連続する作業場となる

シーリングファン

天井：構造体顕しOS
野地板顕しOS

梁：集成材 120×300

アルミサッシ：排煙外倒し窓 オペレーター付

雨樋：H鋼 150×150 OP

外壁：外断熱パネルの上 撥水材塗布

縦樋：鋳鉄製鎖

暖房機 H=1800

ダイニング・キッチン

個室1

玄関・土間

駐車場

床：フローリング カエデ t=15
ウォルナット色塗装
構造用合板 t=12
パーティクルボード t=20
フリーフロア

床：モルタル金ゴテ仕上げ

アプローチ：コンクリート金ゴテ仕上げ t=100

建物廻り：砂利敷き t=50

礎：コンクリートスラブ t=150
スタイロフォーム t=30
ポリエチレンシート t=0.15
捨てコン t=50
砕石 t=50

第1種高度斜線
隣地境界線

断面詳細図 S=1/40

片持ちで2700ミリ張り出した外観の立面計画

南北に向けて片流れの屋根を大きく突き出した，特徴的な外観の立面計画．外壁はFRC外断熱パネルを使用した外断熱である．南北面には折戸によって大きな開口を設け，内外を混在させるトンネル状の空間となる．東西面は隣地建物が迫っているため，開口部は必要に応じて最小限に穿たれている．

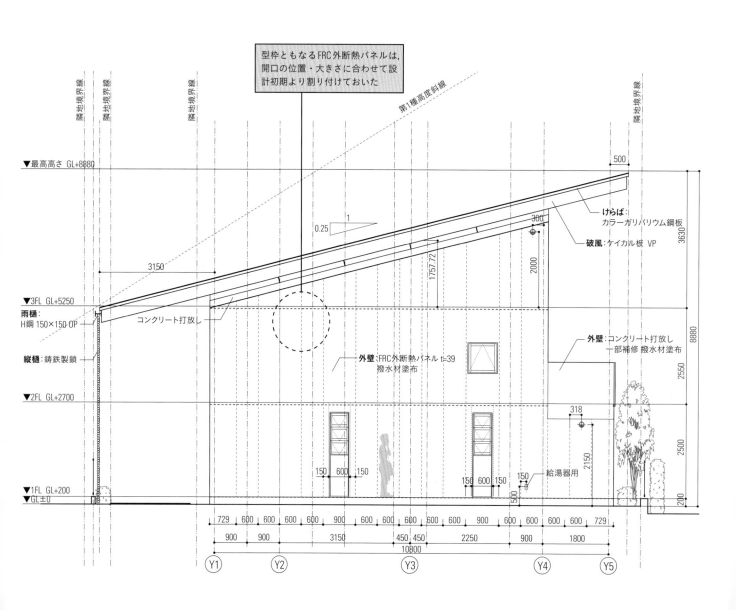

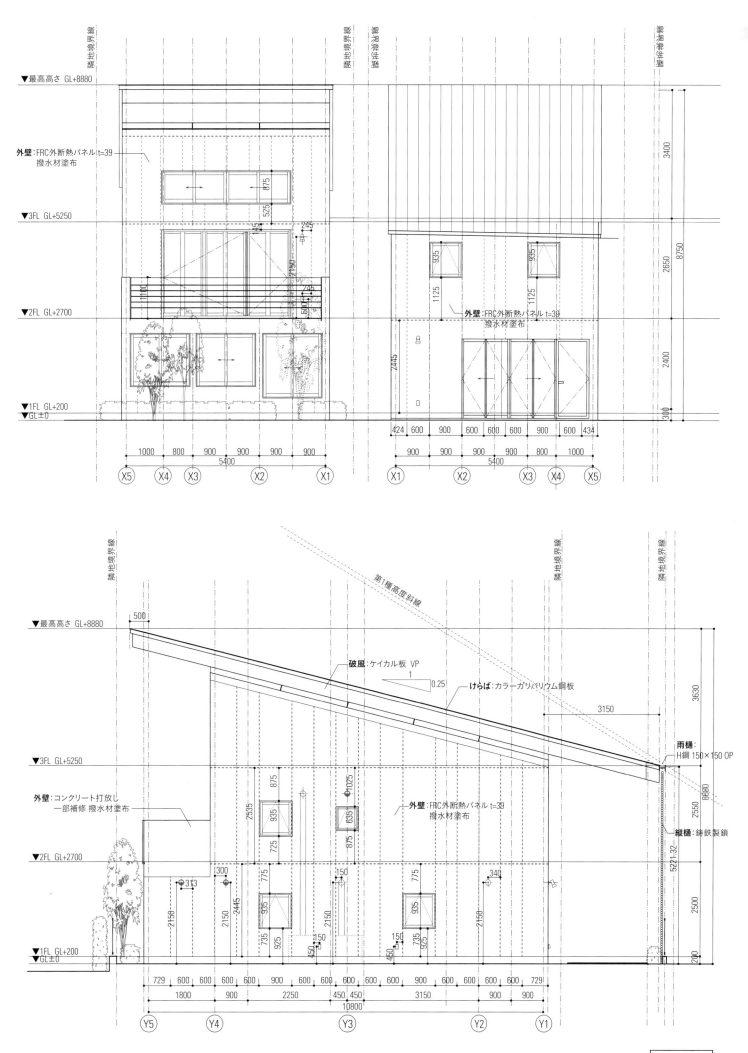

立面図 S=1/100

SUMMARY

東京下町の風景の中にところどころ大きな区画でビルが建ったり,空地ができはじめる典型的な転換期の周辺環境.短冊状の敷地形状で2面が道路に面しているので閉鎖的ではないが,周辺に眺望を望めるような環境ともいいがたい.取り込める風景を慎重に選び,そこを狙った開口部をいくつか穿った以外は,内向的なベクトルをもった計画とした.

1階はRC造とし,寝室などのプライバシー性の高い空間とした.2・3階は木造とし,開放的でありつつ,プライバシーを確保した空間としている.もっとも特徴的なのは,切妻屋根の頂部をえぐり取った形でテラスを設けていることだ.屋根とテラス床のレベルのギャップはハイサイドライトとなり,2・3階の大きな気積の空間に自然光や自然換気をもたらしてくれる.南面は全面開口とし,短手の壁量が足りていないが,この面とハイサイドライトが設置された屋上テラス両脇にH鋼で製作された門型フレームを挿入し,その剛性で壁量を補完している.

東小岩の家

東小岩の家 SECTION 1
逆梁の床と切妻屋根でつくられる大空間

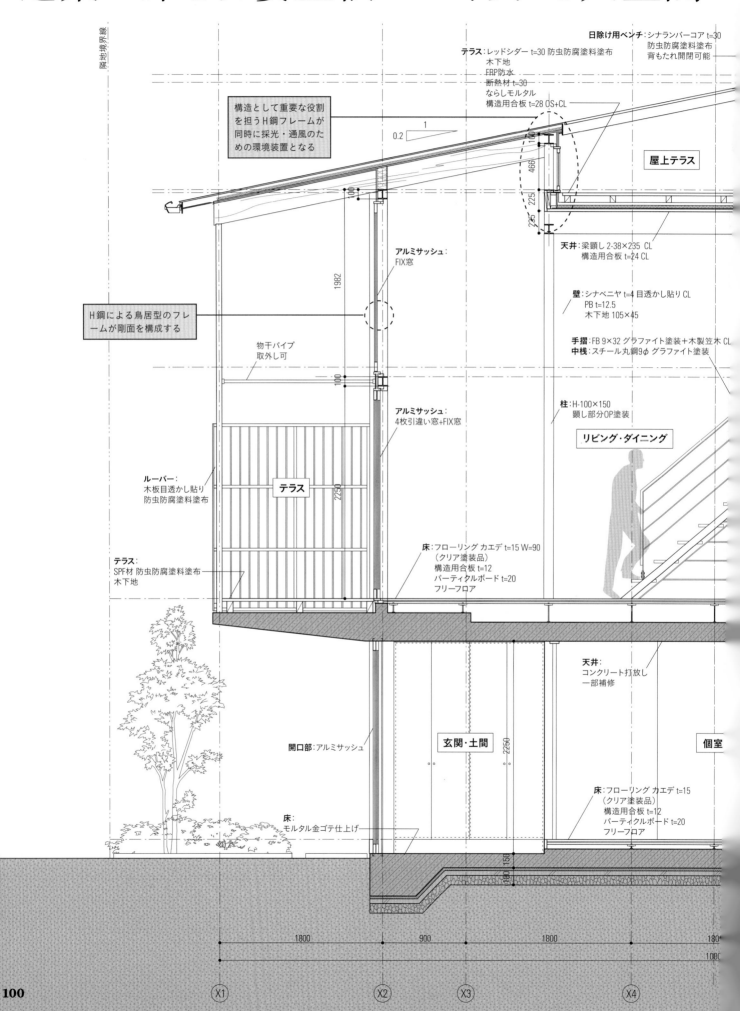

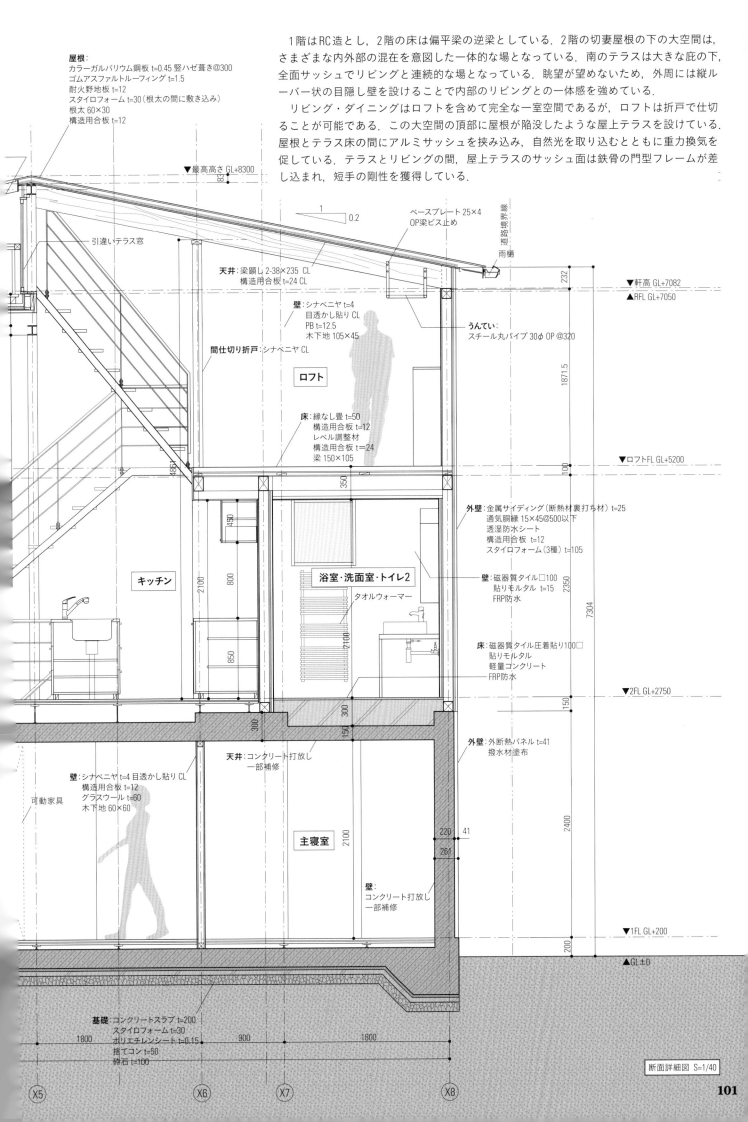

凹状のテラスが光と風を呼び込む

東小岩の家 SECTION 2

2階の切妻屋根下の大きな気積の空間は，外気（屋上テラス）によって内気をえぐり取ったともいえる．完結したボリュームとして意識されるところに，挿入されるように他の要素が入り込むことで，余計にその要素が強調される．リビング・ダイニングに垂れ下がるように存在する外部テラスは，日常生活の中に無意識に入り込んでくる新たな外部空間である．自然光や空気の流れがさまざまな表情をもってそこに常に存在する．

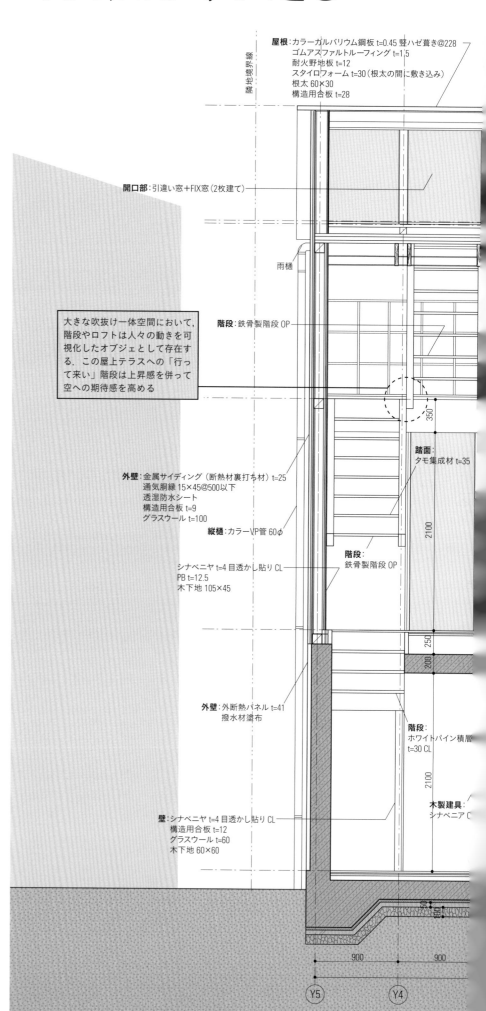

大きな吹抜け一体空間において，階段やロフトは人々の動きを可視化したオブジェとして存在する．この屋上テラスへの「行って来い」階段は上昇感を併って空への期待感を高める

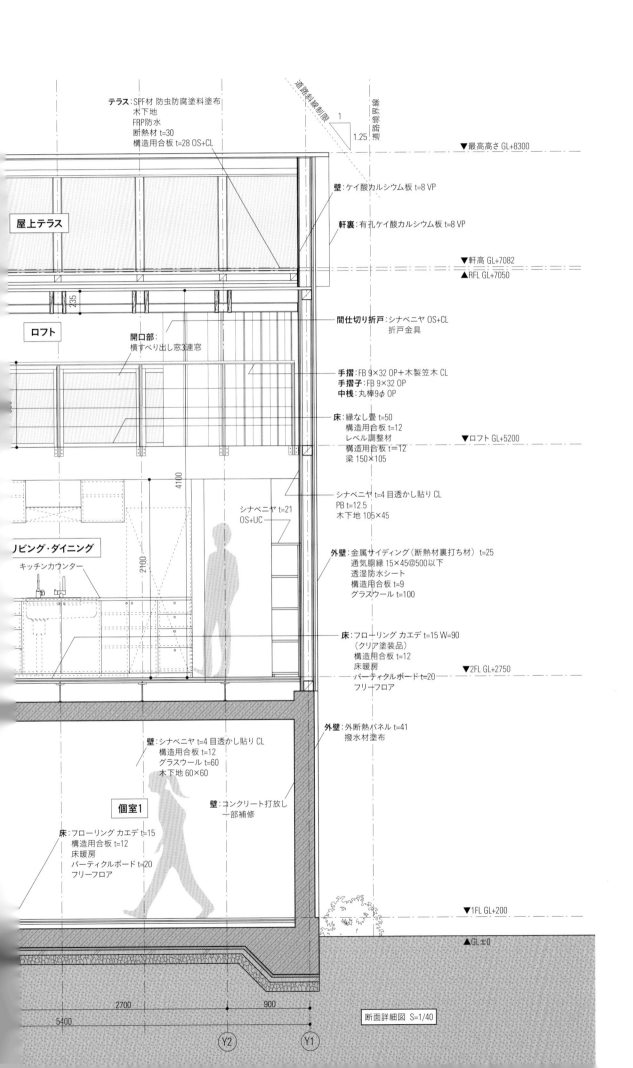

断面詳細図 S=1/40

水廻りは必ず詳細図で寸法を追いかける

東小岩の家 DETAIL

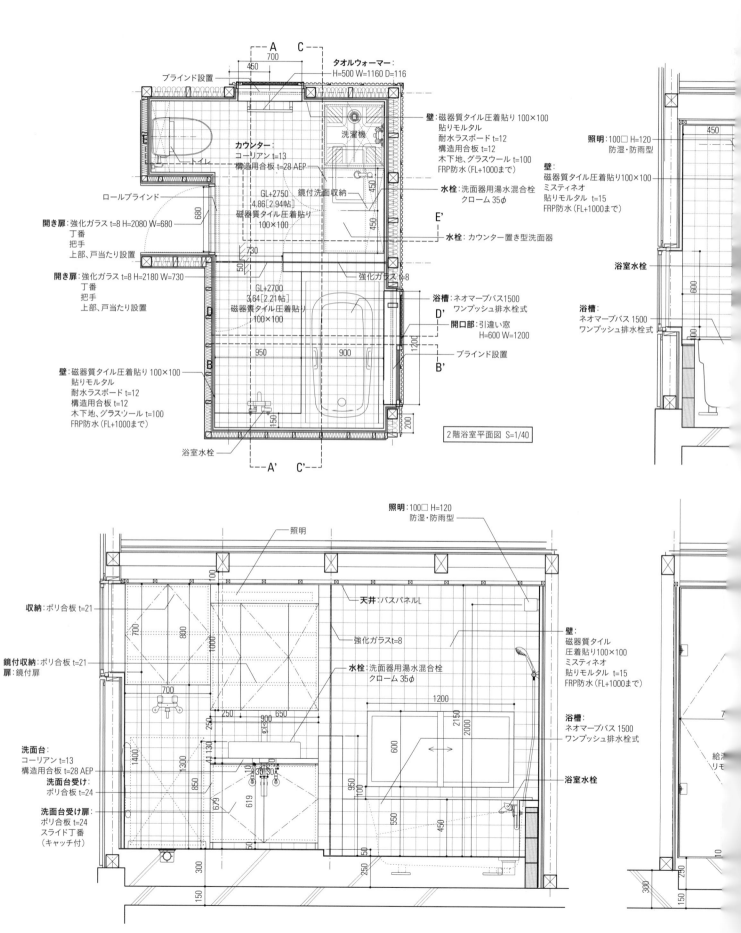

2階浴室平面図 S=1/40

A-A'断面図 S=1/30

水廻り空間の決定に至るまでには必ず詳細図を何度も描いて検討を行っている．水廻りにはさまざまな要素が混在し，当然機能的ではなくてはいけない．さらに，防水などの性能を確認するためには，1/20～1/30のスケールで全体像を確認しておきたい．洗面カウンターの高さや吊り収納の大きさ，浴槽のエプロン高さやライニングの位置，高さ，洗濯機の位置，浴室と洗面室の間仕切りの種類など，細かな寸法を一つ一つ追いながら，最終的には空間的に落ち着ける場としたい．

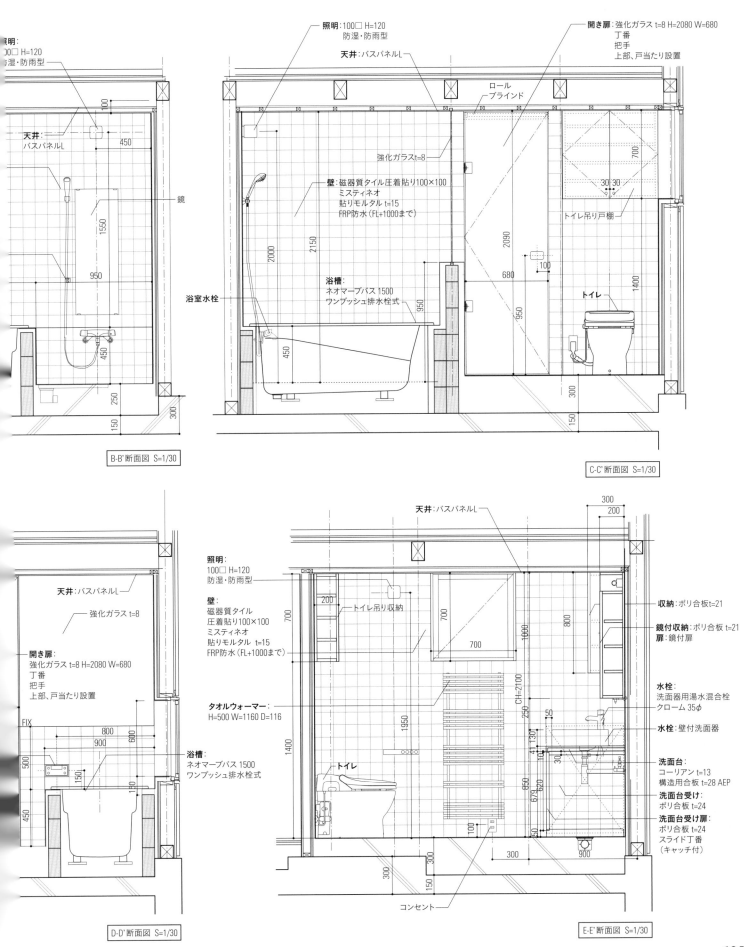

SUMMARY

海老名の家

　古くから住んでいた土地に二世帯住宅として建て替える計画．コンクリートで目一杯のボリュームを立ち上げ，1階を親世帯，2・3階を子世帯の住戸とした．世帯を分けるスラブはコンクリートとし，世帯内での床は木造とした．玄関・土間と水廻りは1階で共有しているため，吹抜けによって1・2階に連続性をもたせている．

　2・3階は中間のロフト階を踊り場としてつなげ，4メートルを超える天井高に象徴的に階段が垂直性を与えている．階段が至る3階の床は木造で屋上階のRCスラブから4本の木柱によって吊られている．

　外観は3層の構成を素材の違いで示しているが，2階のもっとも巨大な気積の空間は外断熱にすることで木板を仕上げとしている．1・3階は内断熱のため，外壁がRC打放しとなっている．外壁に穿たれた大小さまざまな窓は，あまり眺望が期待できない周辺環境に対して，内部から限定した風景を見せるように現地で調整しつつ，最終決定した．

海老名の家 / SECTION 1

RC薄肉ラーメン構造の二世帯住宅

　RC薄肉ラーメン構造によってつくられたことで，3層の箱には柱や梁は一切見えてこない．1階と2階の間のスラブはコンクリートでつくり，世帯間の音の伝達なども抑えるが，大切なのは強固な素材で相互のプライバシーを守っている意識だ．ロフト，3階の床は木造で，ロフトは柱と梁でもたせているが，3階床は吊り柱によって屋上スラブから吊られている．3階は子供がまだ小さいこともあって，ワンフロアすべてで一室空間とした．4本の吊り柱は今後の間仕切りのきっかけとなる．

シンプルな外形に不規則な開口が空けられている

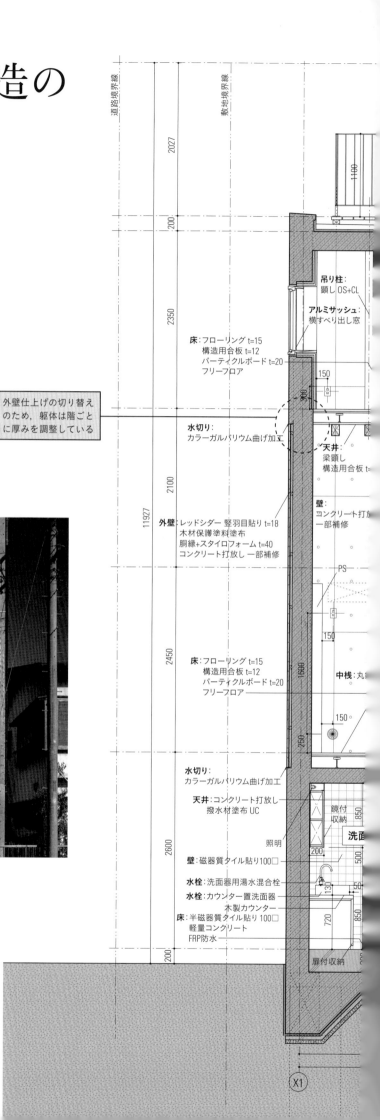

外壁仕上げの切り替えのため，躯体は階ごとに厚みを調整している

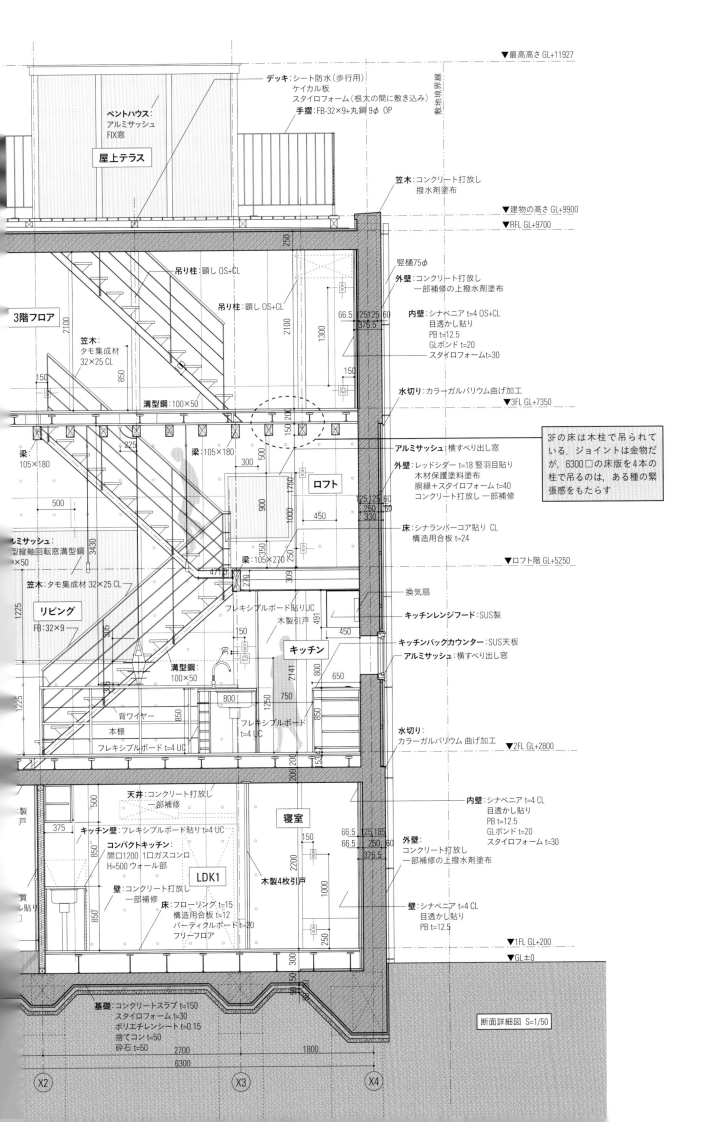

海老名の家 SECTION 2

層によって異なる素材の仕上げと空間のボリューム

各フロアはさまざまな天井高を与えられながら，3層に構成される．層によって構造の表出の仕方が違うため，階を上下すると常に違う素材の仕上げと空間のボリュームを体感することになる．さらに規則性のない開口部の穿ち方は，想定のできない外部との関係をもたらすため，シンプルな外形に反して，複雑な空間体験をもたらすことだろう．

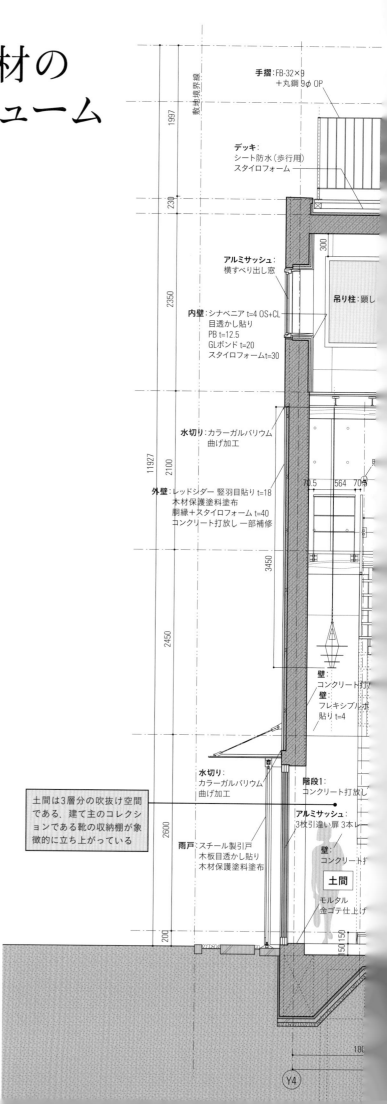

土間は3層分の吹抜け空間である．建て主のコレクションである靴の収納棚が象徴的に立ち上がっている

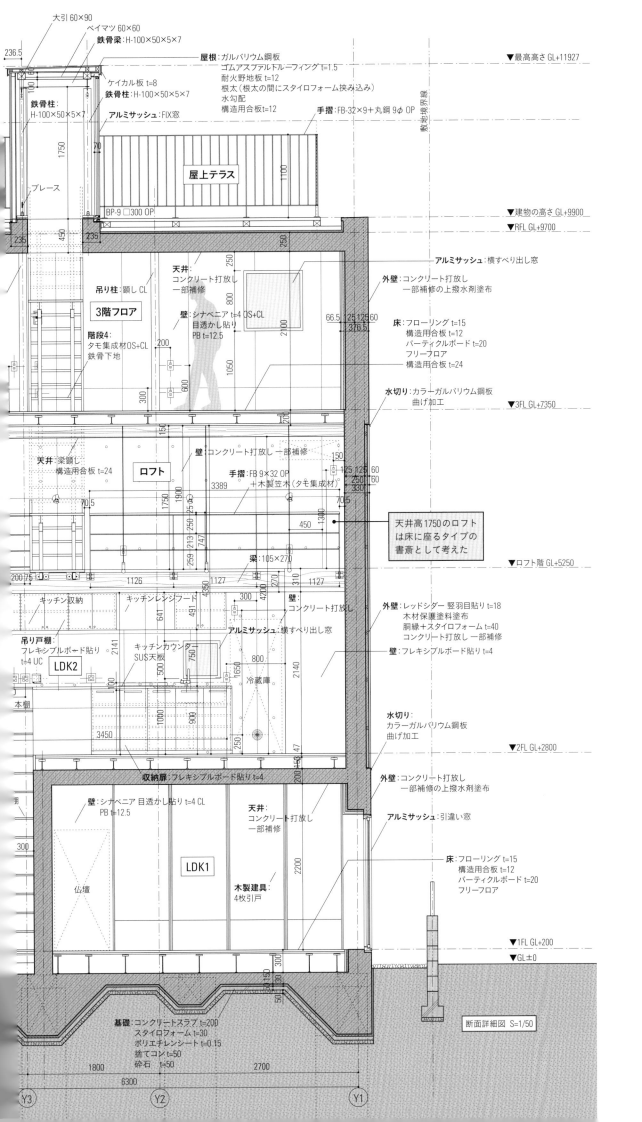

断面詳細図 S=1/50

素材を対比的に見せる鉄骨階段

海老名の家 DETAIL

RCのボックスの中に木造の床が浮いている．それらをつなぐ階段はあえて鉄骨とし，三つの素材が対比的に見えるようにした．段板は集成材で鉄骨への載せ方，木梁とささらのジョイントの仕方は，できるだけその仕組みがわかるように検討されている．

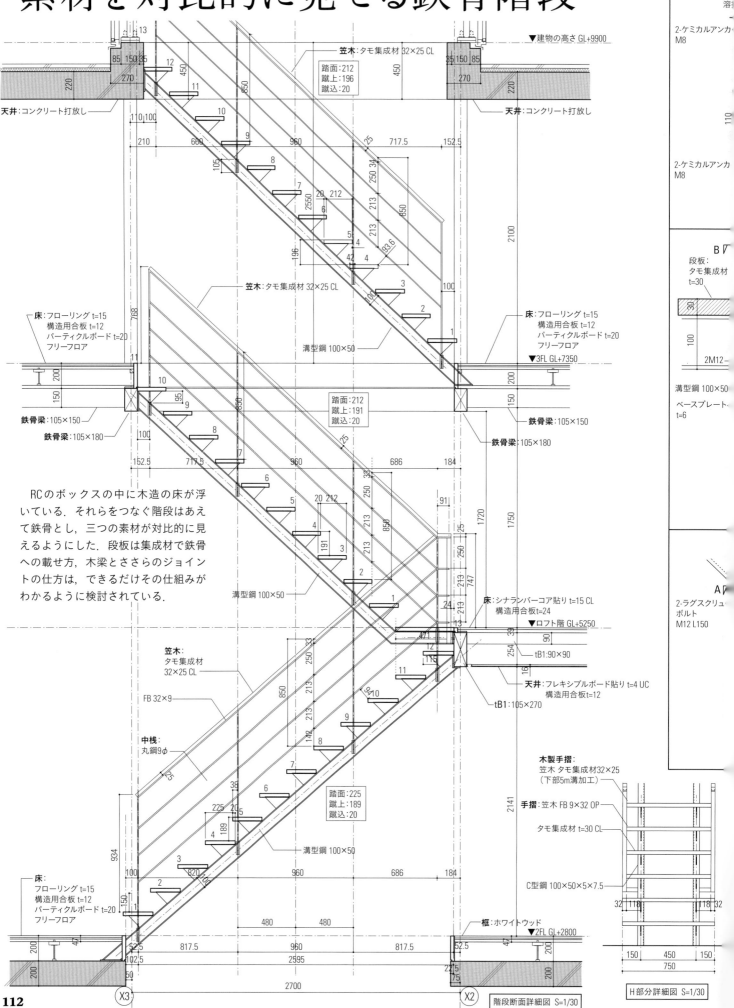

階段断面詳細図 S=1/30
H部分詳細図 S=1/30

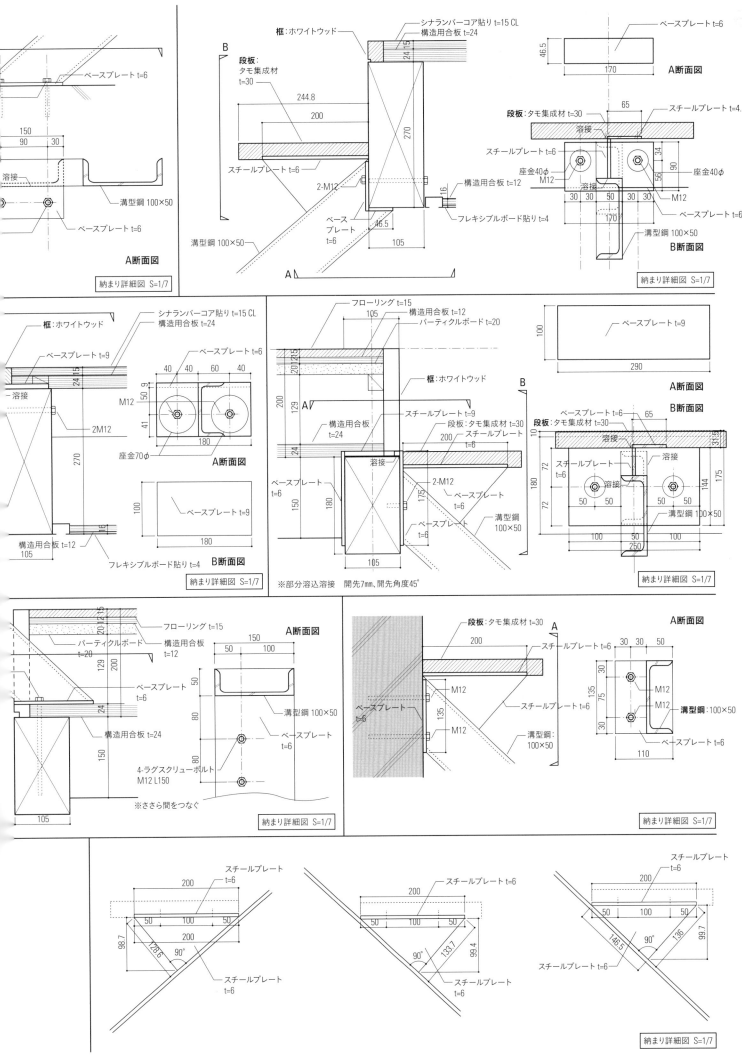

SUMMARY

西荻の家

2台分の駐車場を確保する条件で，1階のフットプリントは制限された．2階は建ぺい率ギリギリまで床面積を確保することで，1階より2階が大きく張り出した形状となった．1階はRC造としつつ，外構計画によって敷地境界に木々を植えることを前提に，開口を多く設けて敷地いっぱいまで室内領域を拡張しつつ，閑静な住宅への連続性を意識した．2階の床と西側の壁まではRCとしている．床スラブは2階の張り出しのため，西側の壁は迫った隣家との距離を設けるためである．

2階には木造でL型に架構を架け，木のやわらかさとRCのかたさが混在する空間となる．2階中央に中庭を設け，北側に配置された浴室や書斎などに自然光や空気の流れをもち込む．中庭南側に屋上への階段，輻射式冷暖房パネルを立て，ある程度の目隠しとしつつ，中庭廻りに回遊できる平面計画としている．地上に余裕がないため，屋上を家族のための庭とし，デッキ敷きと芝生敷きで密集した住宅地で空に近い外部空間を提供する．

西荻の家 SECTION 1

球体式ヴォイドスラブのキャンティレバー

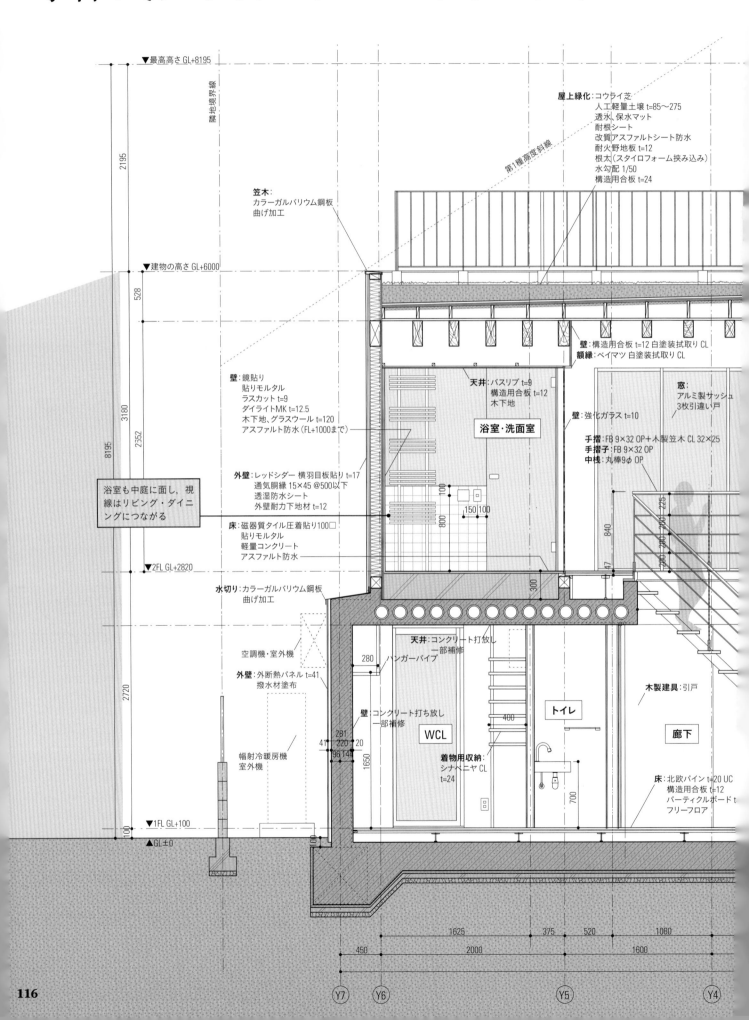

2階の床スラブは球体式ヴォイドスラブとして，キャンティレバーに耐えうる剛性を確保する．南と東の接道は比較的狭く，境界まで迫った2階ボリュームに対するプライバシーも意識して，開口部廻りには筒状の庇を設け，道行く人の視線をカットすることを考えている．同時に庇の内外部をシルバーとすることで，自然光を下面に反射させ，室内奥まで届かせることとした．室内の仕上げは1階をRC打放し，2階は木造部分はラーチ合板をベイマツ集成材の梁や柱とともに白の拭き取りで仕上げている．

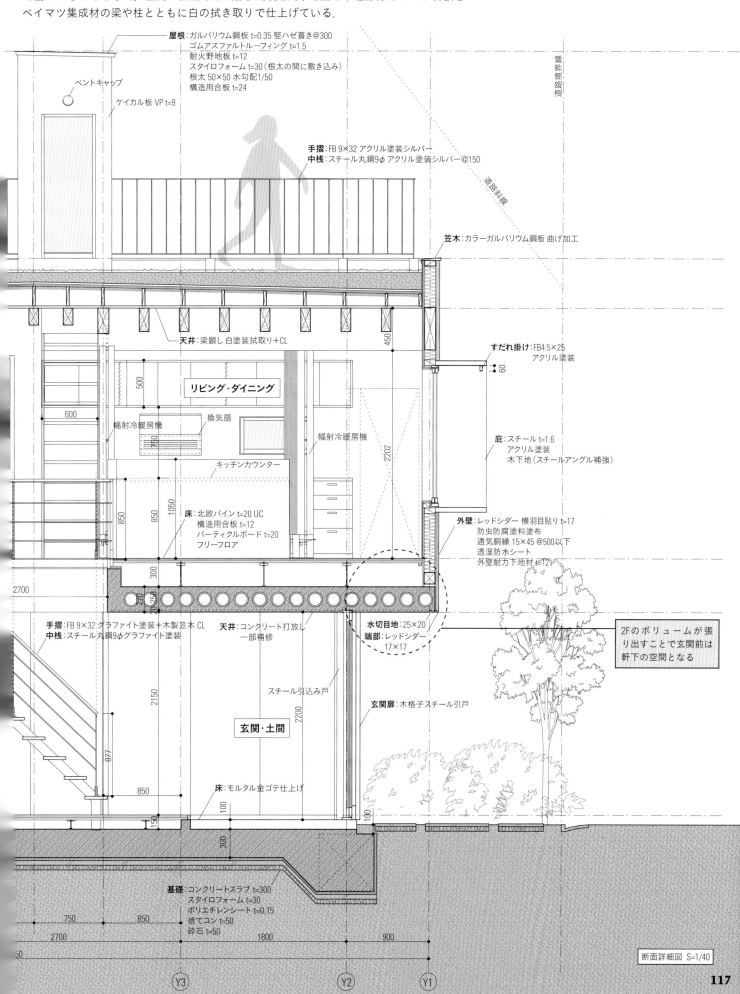

断面詳細図 S=1/40

西荻の家 SECTION 2

RC壁に寄りかかる L型の木造＋ペントハウス

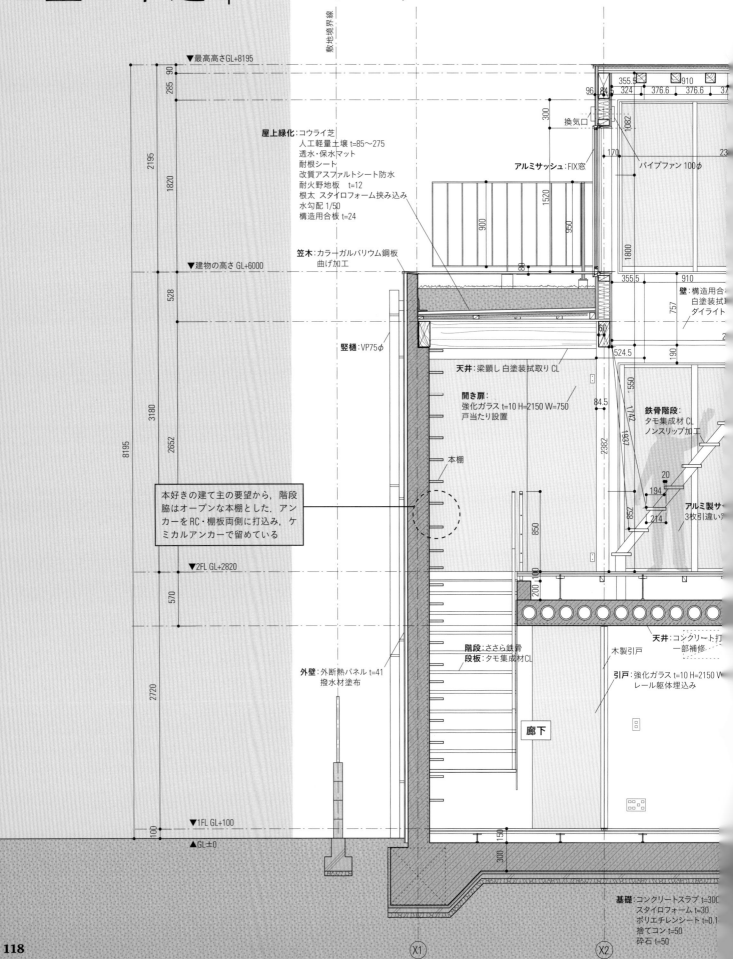

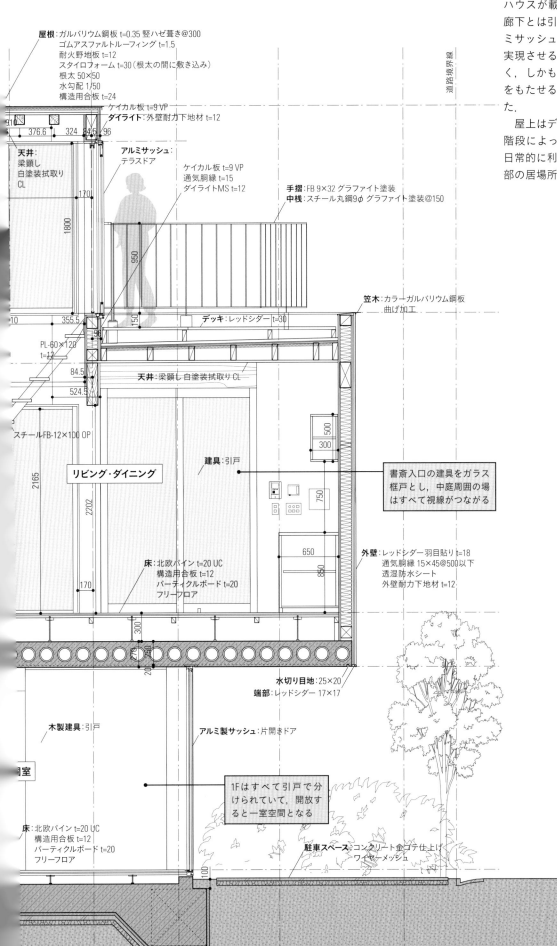

1階と2階のスラブ，そして2階の西側の壁までをRC外断熱工法としている．2階の木造はL型にRC壁に寄りかかる．さらにこの木造の屋上スラブの上には階段室としてのペントハウスが載る．1階の個室は間仕切りがなく，廊下とは引戸のみで仕切られ，屋外へもアルミサッシュで開放的なつくりである．これを実現させるために，2階のRCスラブは梁がなく，しかも剛性を高くし，キャンティレバーをもたせるためにヴォイドスラブが採用された．

屋上はデッキや芝生敷きの庭であり，内部階段によって容易にアプローチできるので，日常的に利用できる外部空間として家族の外部の居場所となっている．

断面詳細図 S=1/40

西荻の家 DETAIL
見上げ時にフラットになる階段

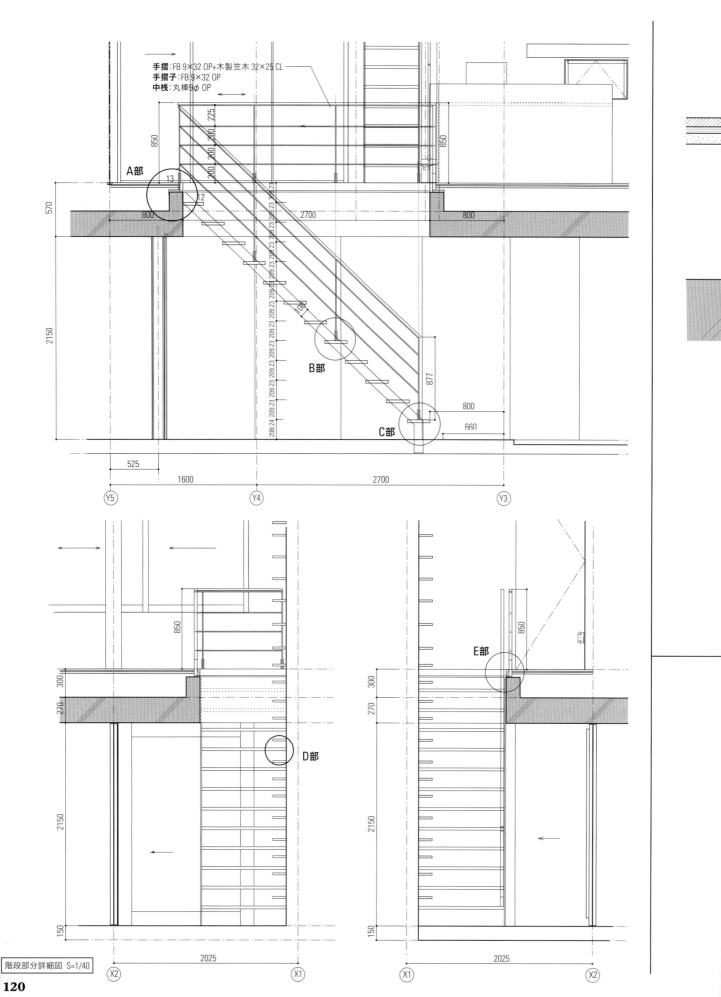

階段部分詳細図 S=1/40

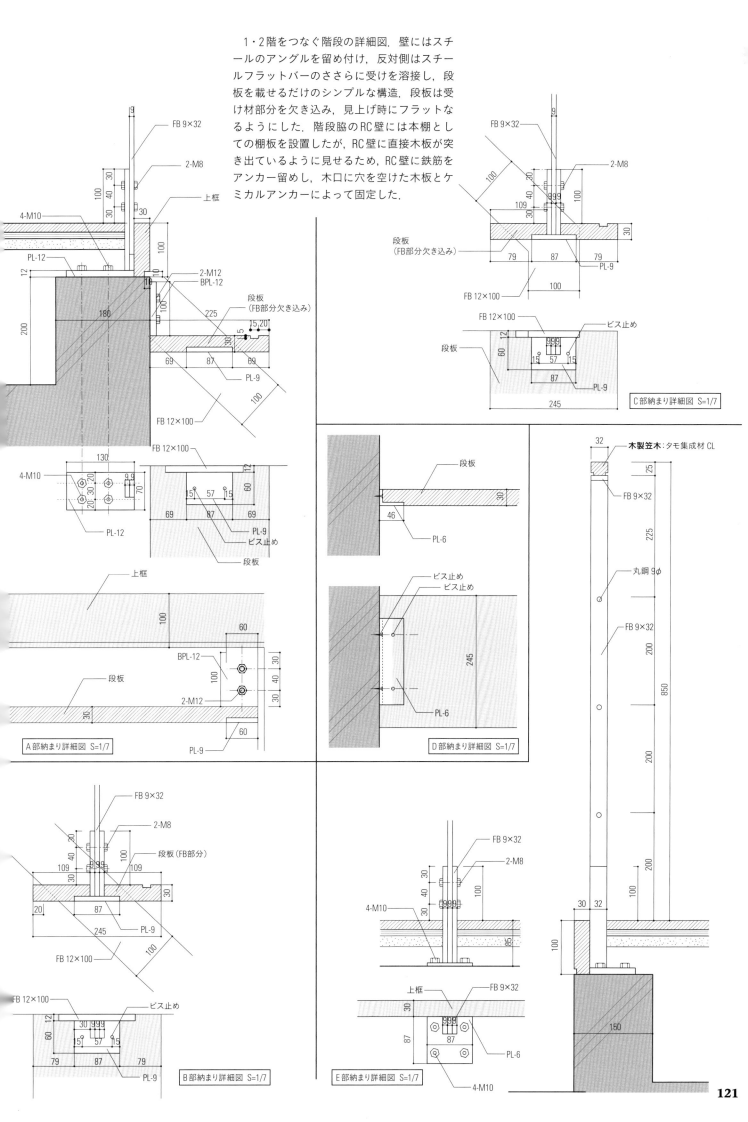

SUMMARY

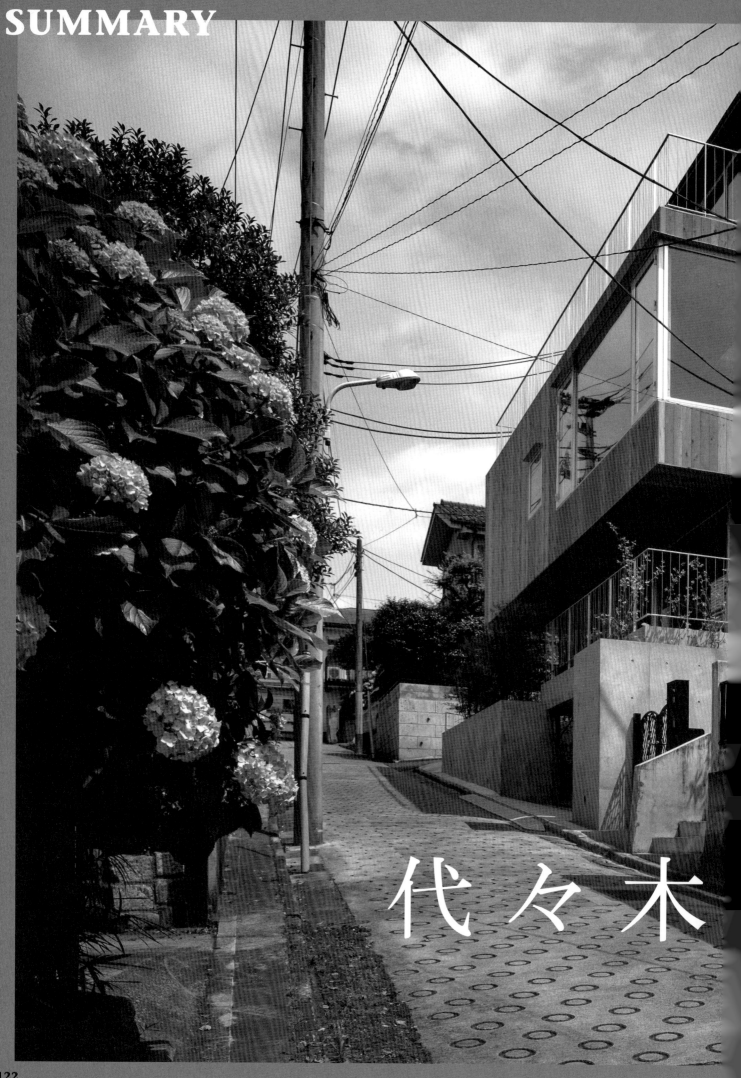

代々木

西原の家

南斜面の道沿いに建つ住宅．地下から2階までをRC造，3階の一部屋根のみ木造としている．

坂道に浮遊するような木の箱のイメージがあったため，2階は大きく片持ちで張り出しているが，そのために西側外壁側には構造壁は極力出さず，室内に厚い壁柱を設けて対応している．

1階は閑静な住宅街であるため，外周の植栽越しに近所の人たちとコミュニケーションできるように開口部を多く取って開放的にしている．2階南面には広く開けた眺望に向けて，ピクチャーウインドウを割り貫いた．3階は西側遠方に望む富士山や丹沢山系に向けて広い開口とテラスを用意した．外壁仕上げは，1階はコンクリートとガラス，2階は木，3階はガルバリウムとし，3層それぞれの在り方を表出している．

RCのかたさと木造のやわらかさが混在するLDK

代々木西原の家 / SECTION 1

　地下から2階までの躯体はRC造で外断熱としている．1階外壁は断熱材を貼った上からフレキシブルボードで，内部はコンクリート打放しとした．同様に，2階外壁は断熱材の上にレッドシダーの縦羽目張りとしている．地下階はガレージと主寝室，1階は子供部屋が想定され，特に1階は自由に仕切れるよう一室とし，引戸とレールが用意されている．2階はLDKで，リビングからは吹抜けを介して3階の水廻りと視覚的にもつながっている．

　1階は，2階のボリュームが張り出しているため，テラスは縁側のような雨のかからない活動領域となる．2階は，3階の木造の屋根が吹抜けに架かり，RCのかたさと木造のやわらかさが混在する．吹抜けには象徴的にらせん階段が階をつなぐが，スチールでシンプルにつくることで，この空間に鉄と木とコンクリートを共存させた．

リビングからせん階段を見る

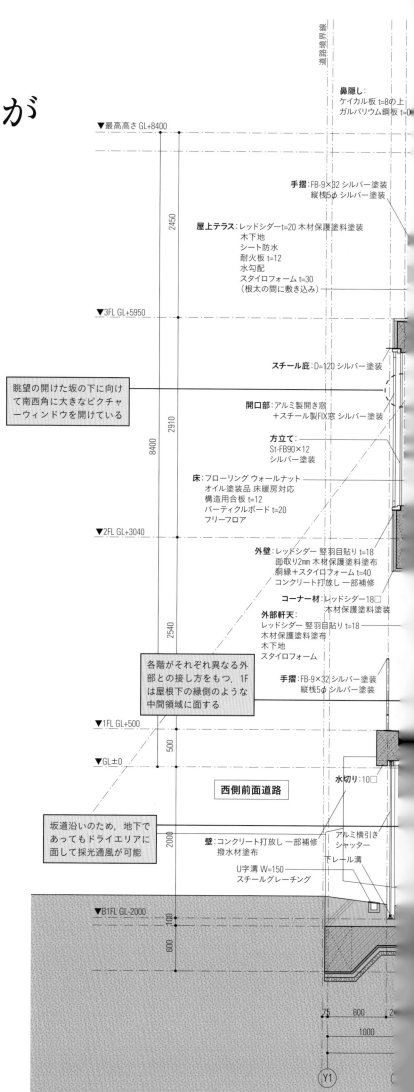

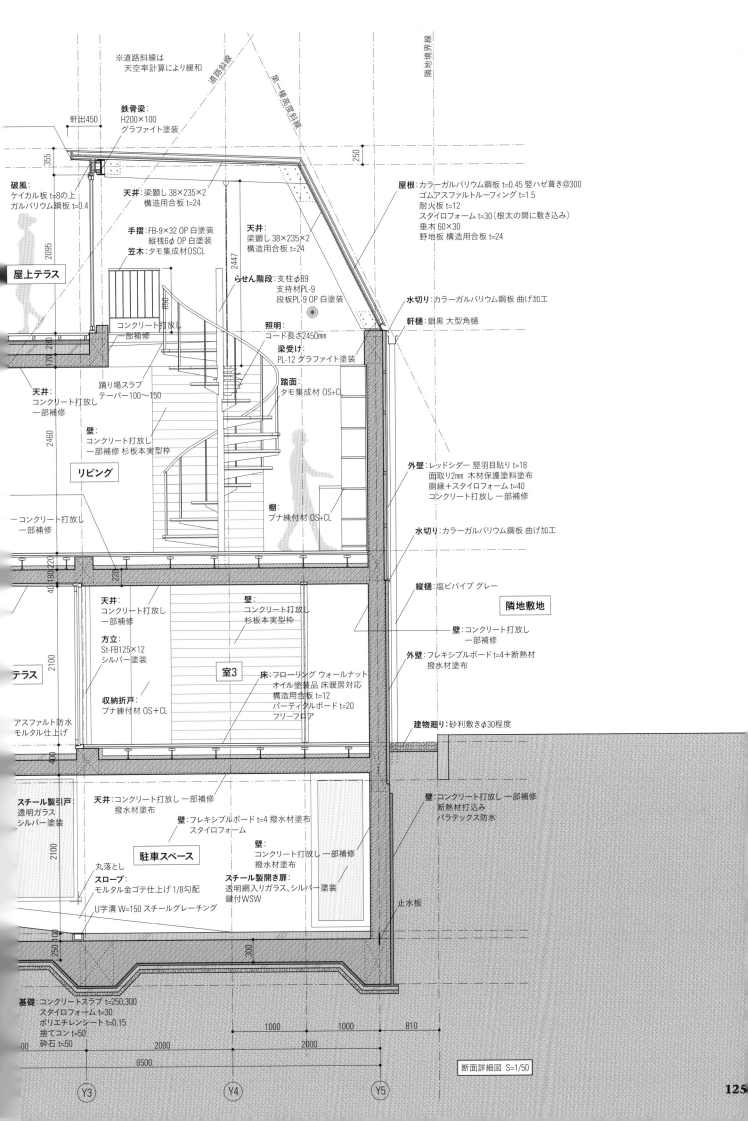

富士山を望む非日常的な水廻り空間

代々木西原の家 SECTION 2

傾斜地にあるため，地下階は2/3程度が地中に埋まっている．各階で必要なスペースを確保し壁を挿入しているため，各階の耐力壁は少しずつ位置がずれている．スラブは逆梁とし，天井をフラットに見せるとともに，上階の設備配管スペースとしている．2階の室2・3は子供の成長過程や家族構成の変化に応じてフレキシブルに対応できるように，2階の室4はゲストルームだが，日常的には家族のためのスペースとして開放的に使用できるように，引戸や折戸で簡易に空間を変更できるようにしている．3階の水廻りのみが躯体の素材感を離れ，真っ白な空間としている．富士山を望み，空や風景に開かれた非日常空間である．

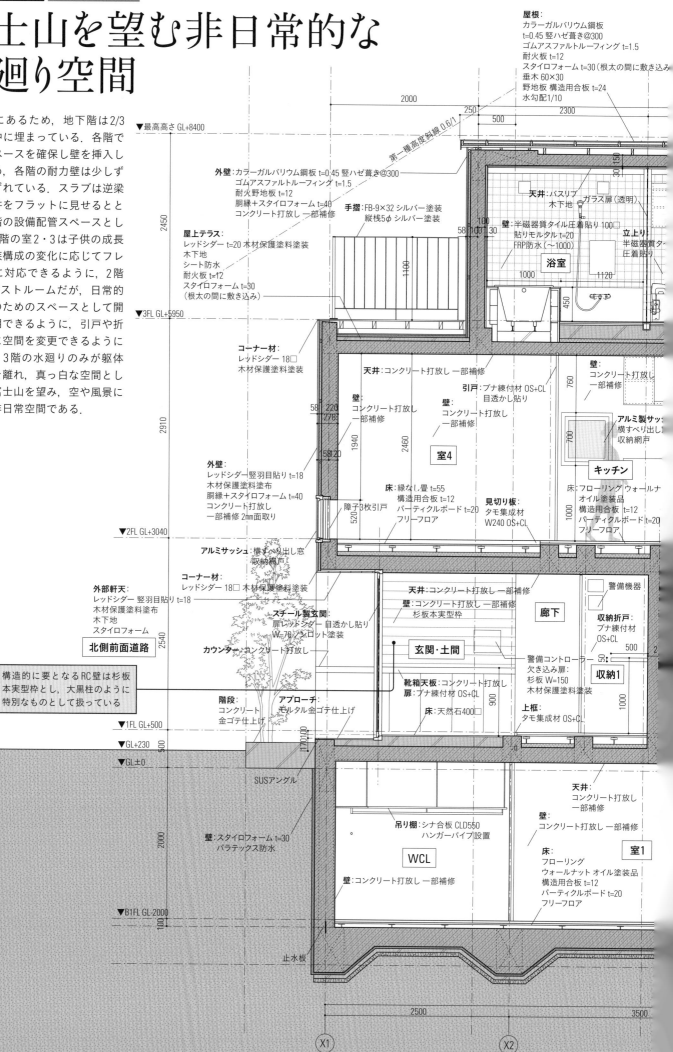

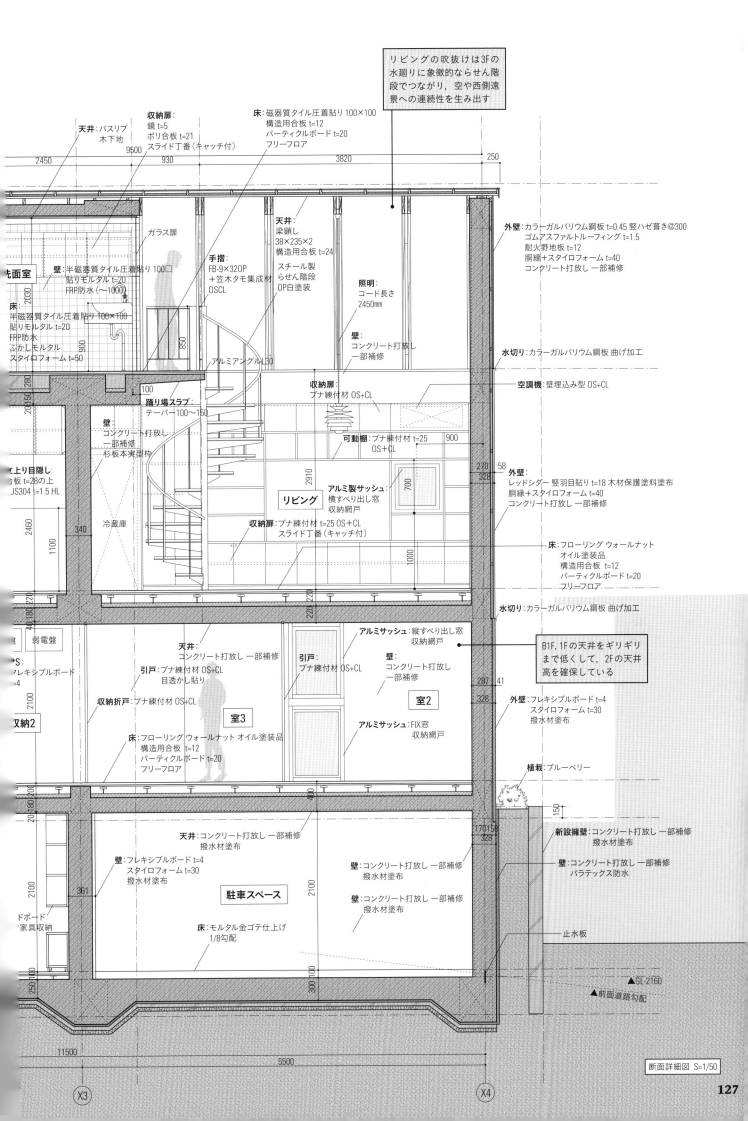

代々木西原の家 DETAIL

階段に街に住まうことの意味を込める

　各階が周辺環境の特徴を取り込んでいるので，それらを垂直に移動する日常こそがこの街に住まうことだといえる．垂直に移動する階段は，日常生活において非常に重要な空間となる．この住宅では1階がガラスで囲まれているが，踊り場を下階と合わせてRC壁から片持ちで張り出し，そこに力骨のH鋼を渡して段板を支える構成とした．

　折り返し階段のため，間の手摺は1枚の面となる．その場合，笠木の位置や連続性が非常に大切だと考える．両端の手摺子には縦にも笠木を沿わせている．

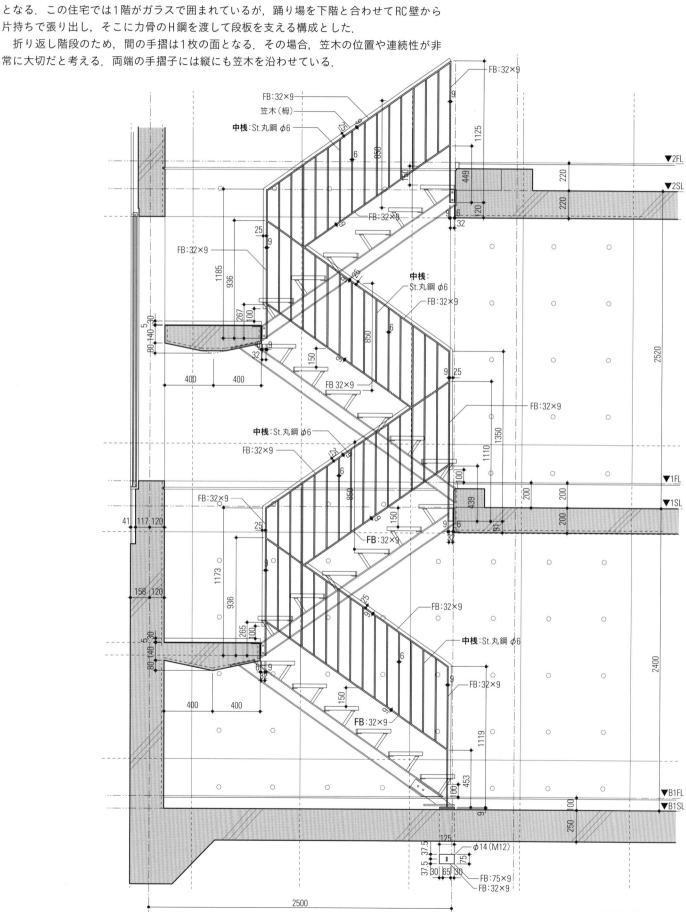

鉄骨階段断面図 S=1/30

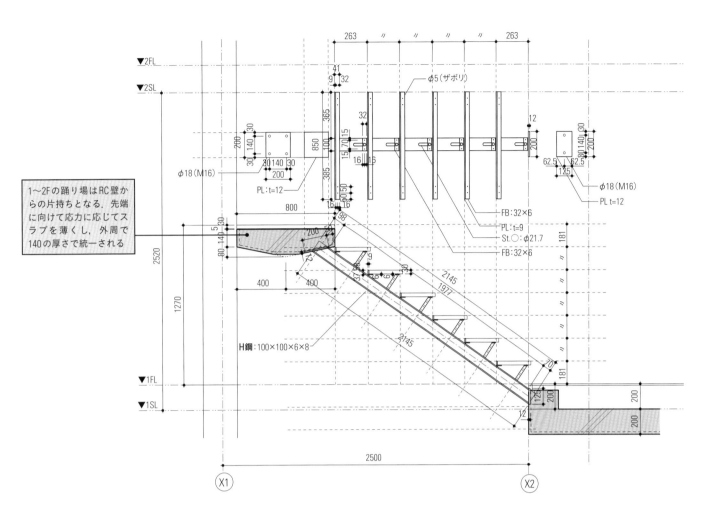

1〜2Fの踊り場はRC壁からの片持ちとなる。先端に向けて応力に応じてスラブを薄くし、外周で140の厚さで統一される

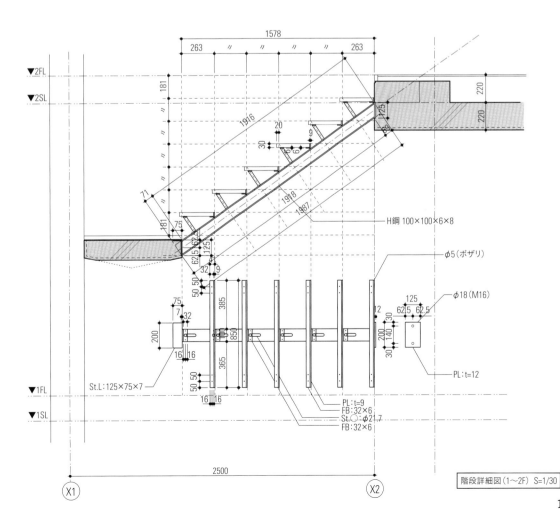

階段詳細図（1〜2F）S=1/30

SUMMARY

甲府の家

L型の敷地にL型の建物が建ち，前面道路側にギャラリー兼エントランスホールが付随した構成．1階はほとんどがガレージとし，愛車のコレクションが並ぶ．2階が夫婦二人のための生活スペースとなる．2階の壁までがRC外断熱工法である．屋根のみが木造で，L型の平面に対して両袖に意識的な相違を生じさせないため，放射状に梁を架けた．この梁はすべてが中心に向かっていて，平面上のどこにいてもその中心を意識することでつながり合えるのではないかと考えた．

平面上には3か所にテラスを設け，特にテラス2は内外部を仕切る木製ガラス框戸と，ルーバー状の雨戸としての引戸が全開閉することで，内外気の混ざり合い方をさまざまに調整することができる．季節や天気，気分によって生活の領域や在り方の変化を許容する建築的仕掛けである．

ガレージは大スパンを飛ばすため，ポストテンション工法も採用している．また屋根の放射状の梁はスパンがそれぞれ違うため，すべて下部中央が膨れた形状であるが，隣り合う梁の形状（梁せい）はすべて異なっている．

放射状の梁の下に展開するさまざまな場

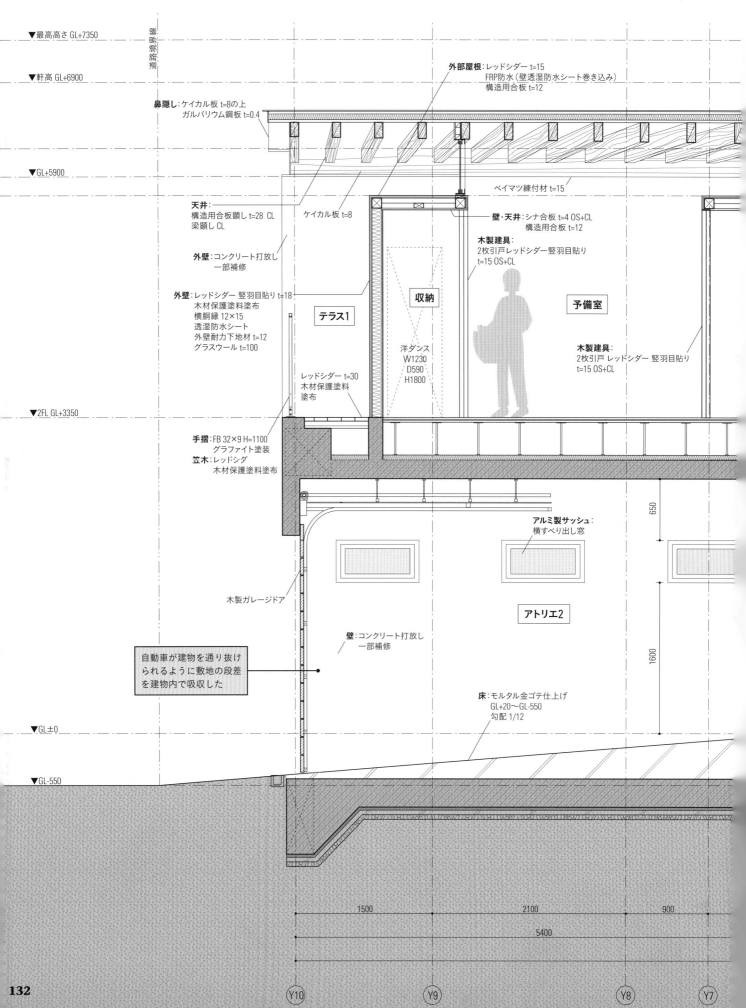

1階にはガレージやシアタールームなどが配置されるが，すべてが土間で引戸のみで仕切られるため，大きなL型の版によって挟み込まれた一室空間である．2階スラブは基本逆梁とし，建具枠などもすべてスラブに埋め込み，天井面の連続性を重視した．一部南面の大スパンの梁には，現場打ちポストテンション工法を採用して純梁としている．

　2階もやはり予備室から浴室に至るまで一室空間で，天井面は放射状に梁が並ぶ．室と室をゆるく仕切るために収納や納戸が自立した箱としてL型の平面上に置かれる．この箱はテラス，室内にかかわらず同じ仕上げのレッドシダーが貼られ，この住宅において内外部がフラットな関係であることを示している．

屋根：カラーガルバリウム鋼板 t=0.4 竪ハゼ葺き@300
雪止め（屋根塗装色同色）設置
勾配：1/5
ゴムアスファルトルーフィング t=1.5
耐火野地板 t=12
スタイロフォーム t=50（根太の間に敷き込み）
根太 90×45
構造用合板 t=28

壁・天井：
シナ合板 t=4 OS+CL
構造用合板 t=12

土台隠し：ベイマツ練付材 t=15 CL

天井：
構造用合板顕し t=28 CL
集成梁湾曲加工 CL

壁：コンクリート打放し
一部補修

スチール製FIX窓：
st.FB-4.5
グラファイト塗装

鉄骨柱 100□
グラファイト塗装

納戸

床：フローリング ナラ t=18
木材保護塗料塗布
構造用合板 t=12
パーティクルボード t=20
フリーフロア
スタイロフォーム t=50

リビング

廊下

幅射冷暖房機

床：
タイル450□
敷きモルタル t=20
構造用合板 t=12
パーティクルボード t=20
フリーフロア
スタイロフォーム t=50

カウンター：
コンクリート打放し t=80
一部補修

床見切り：
SUS FB

天井：コンクリート打放し
一部補修 撥水材塗布

天井：コンクリート打放し
一部補修 撥水材塗布

天井面をフラットに見せるため，レール等は埋め込みとしたい．梁の欠損を避けるためスラブとともに下フカシとしている

スチール製扉：
2枚引戸 グラファイト塗装

アトリエ1

スチール製扉：
2枚引戸
グラファイト塗装

床：モルタル金ゴテ仕上げ UC
（灰墨混入）

1800　4500　1200　2350
5400
16650

Y6　Y5　Y4

玄関・土間はギャラリーとして，趣味の絵を飾るようなダイナミックな移動空間でもある．テラス2はL型の形状となっていて，屋根が架かるところと架からないところがある．さらに，カギ型に木製の大型引戸が吊られる．そのため，部分的に屋根を欠き取るとともに，建具の荷重を支えるため，鉄骨を差し込んで補強している．

大型木製建具は，この住宅のために特別にメーカーと開発したもので，三辺の建具がコーナーを曲がりながら両端の壁に沿って収容される．テラス3はバステラスでもあり，洗濯物を干すテラスでもあるため，雨を除けるためにガラスを架けている．

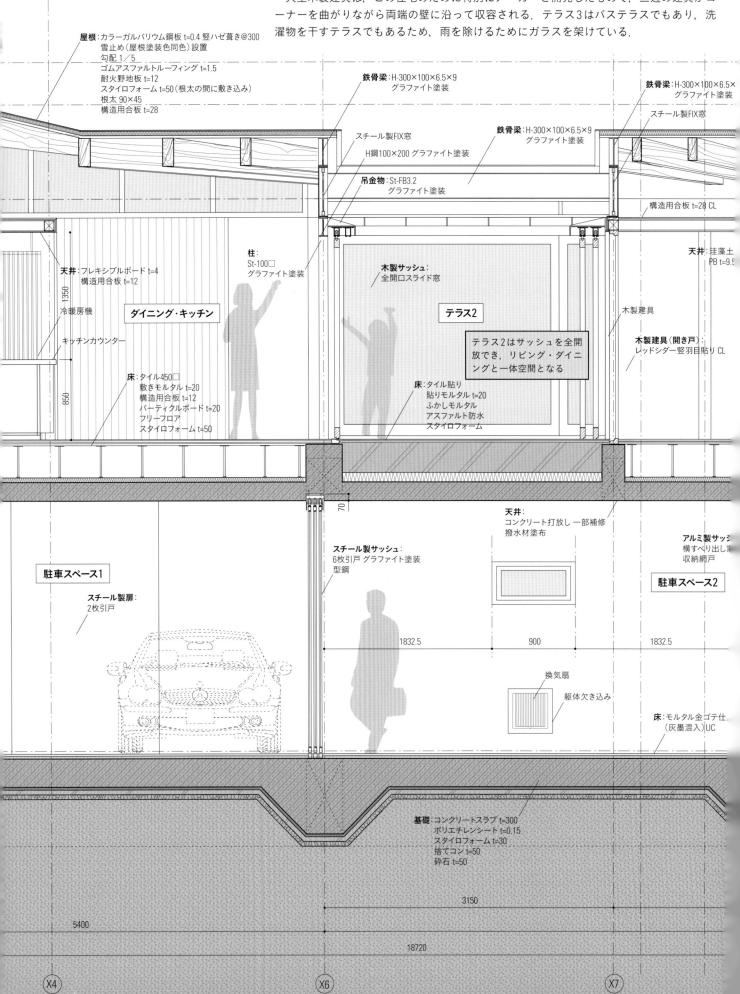

甲府の家 SECTION 2

ダイナミックな移動空間としてのギャラリー

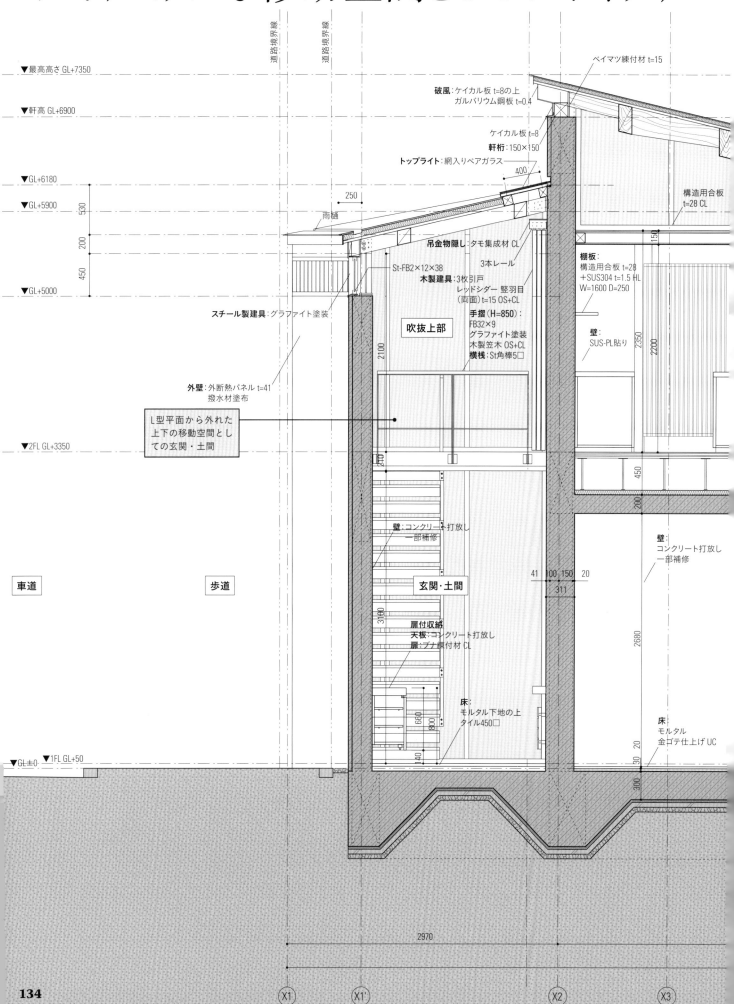

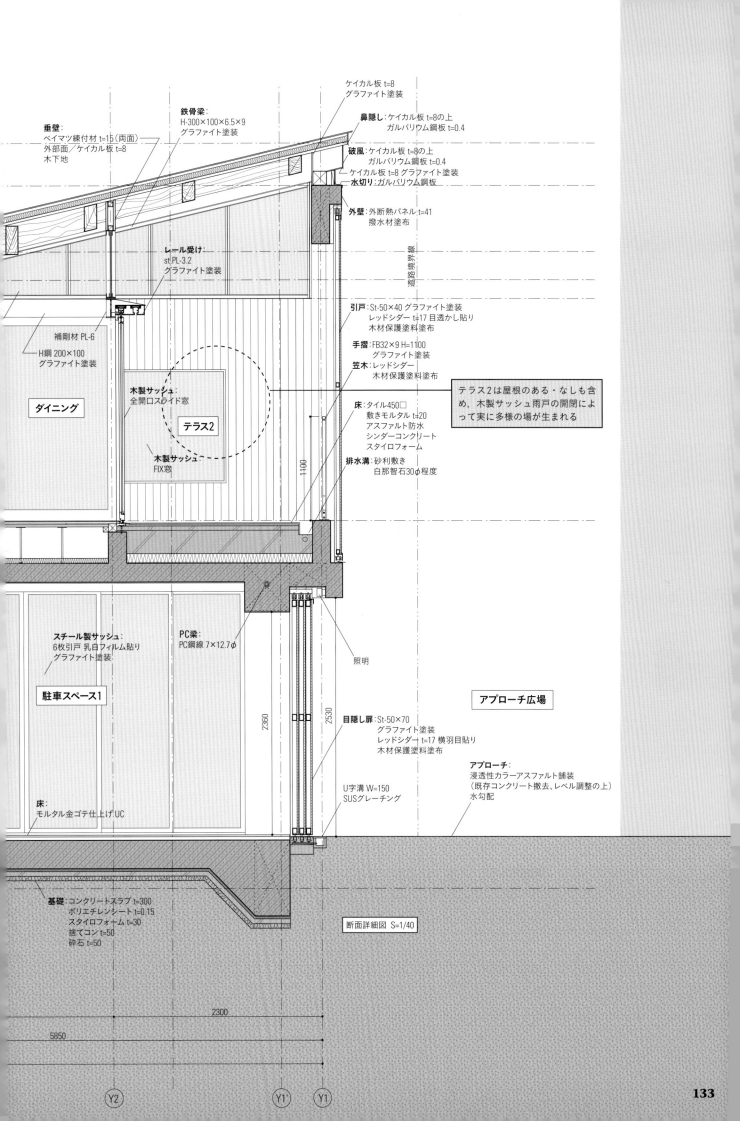

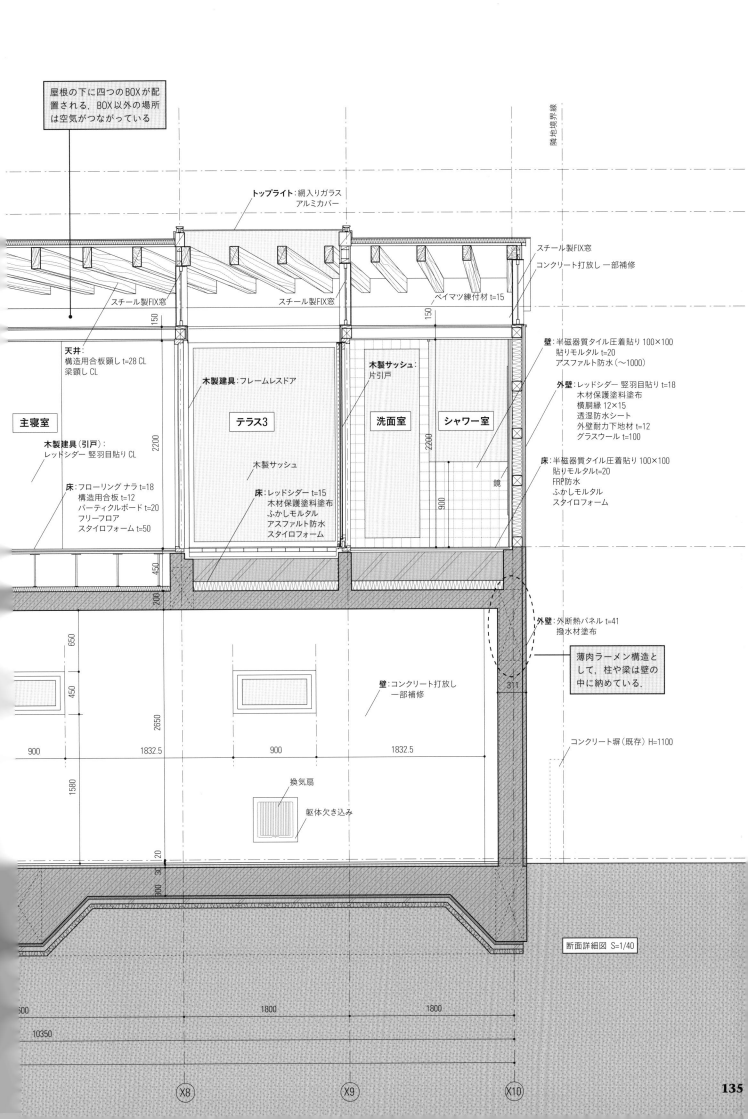

空間のイメージを伝えるための棒矩計図

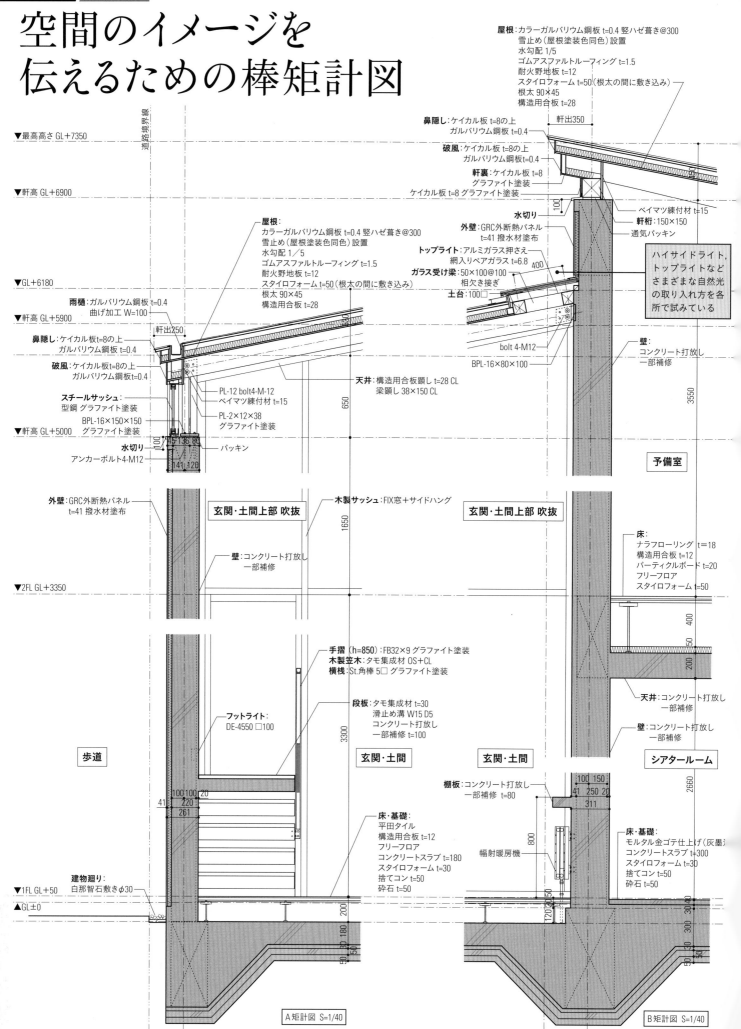

L型のコンクリートのボリュームに木造の屋根が載るというシンプルな構成ではあるが，ハイサイドライトやトップライト，隠し樋，屋根と壁とのジョイントの種別などによってさまざまな納まりが発生する．これらを空間的なイメージを示唆させつつわかりやすく示すのに，矩計図は有効である．ときにはこれらの部分を抽出し，手描きの原寸図として現場で共有し，空間とディテールの連関を確認する．

SUMMARY

浦和競馬場

の家

南に広大な空地を望む台形の敷地に建つ住宅．敷地の形状に合わせて台形平面とし，1階はRC造，アプローチ階となる2階以上を木造としている．屋根形状を平行四辺形と三角形に分割し，2枚の板の段差にハイサイドライトを設けることで構造の要とし，自然光の取込みや自然換気を行う環境装置として役割を担っている．三角形と平行四辺形のギャップにはフィーレンデールトラスを渡し，そこに東西に向けて屋根を架けている．東側の平行四辺形の屋根はSPF材を現しで架けている．西側のロフトに主に架かる三角形の屋根はシナ合板を貼り，スッキリした印象とした．

平面的には，1階は寝室およびセカンドリビングなどプライバシー性の高い空間，2階はリビングや水廻りなど家族という共有性の高い空間とした．2階は西側の1.8メートル幅で直線上にキッチン，洗面室・浴室を並べて白い空間としている．中央の階段は，1階からロフト階までを視覚的にもつなぐ象徴的な場としている．上階からの光を1階まで導くライトウェルとしてアクリルの床を貼っている．

浦和競馬場の家 / SECTION
異なる世界を三つの構造で成立させる

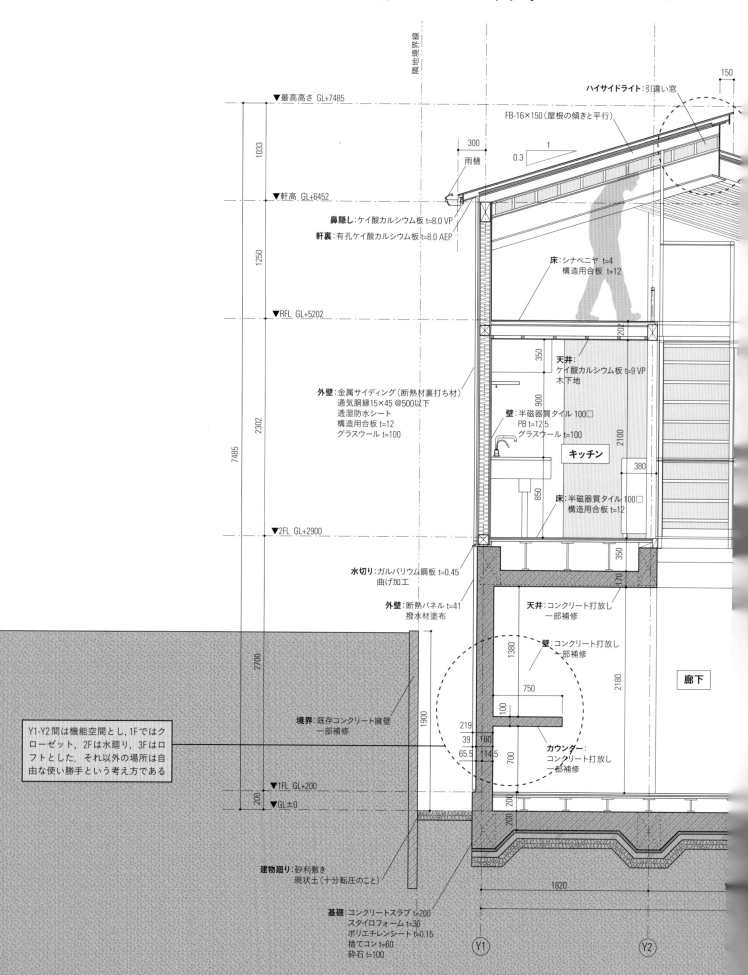

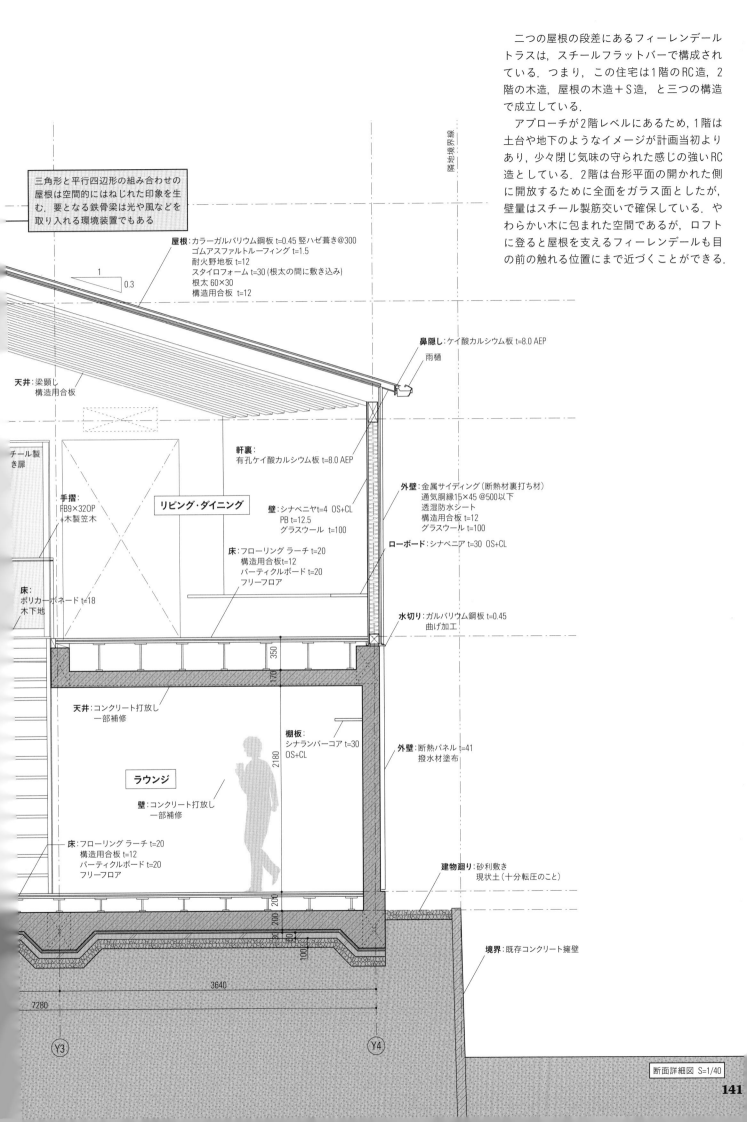

二つの屋根の段差にあるフィーレンデールトラスは，スチールフラットバーで構成されている．つまり，この住宅は1階のRC造，2階の木造，屋根の木造＋S造，と三つの構造で成立している．

アプローチが2階レベルにあるため，1階は土台や地下のようなイメージが計画当初よりあり，少々閉じ気味の守られた感じの強いRC造としている．2階は台形平面の開かれた側に開放するために全面をガラス面としたが，壁量はスチール製筋交いで確保している．やわらかい木に包まれた空間であるが，ロフトに登ると屋根を支えるフィーレンデールも目の前の触れる位置にまで近づくことができる．

三角形と平行四辺形の組み合わせの屋根は空間的にはねじれた印象を生む．要となる鉄骨梁は光や風などを取り入れる環境装置でもある

断面詳細図 S=1/40

フィーレンデールトラスは構造や環境などさまざまな要素を担う

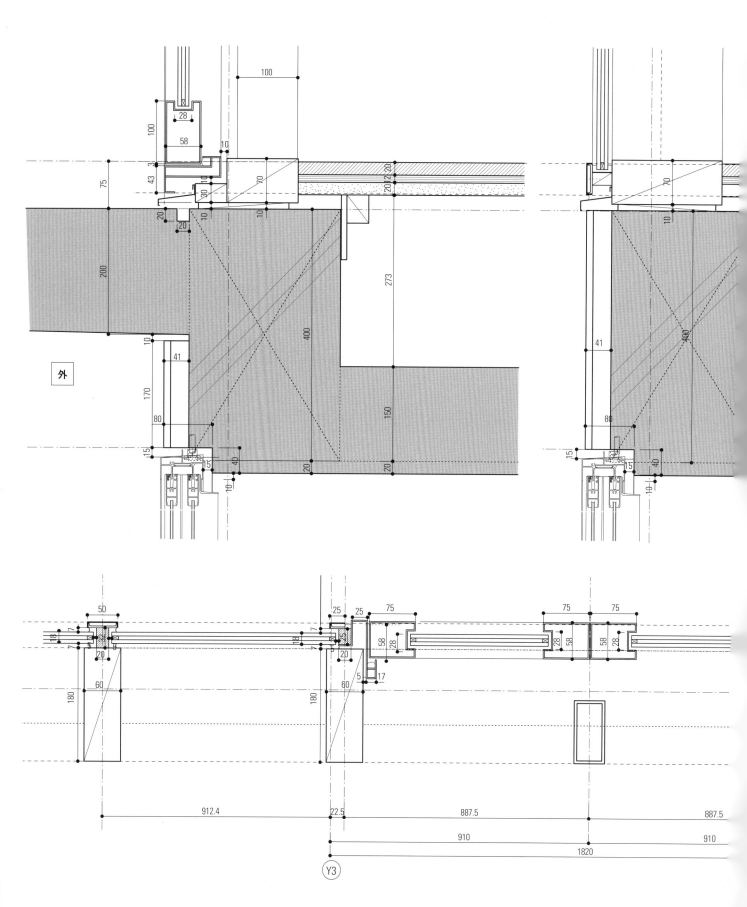

屋根のフィーレンデールトラスは，スチールフラットバーの組み合わせで製作されている．棟木としての構造的な必要サイズ，換気のためのアルミサッシュを納めるためのディテール，垂木を東西に段差を付けて受けるためのフィンなど，さまざまな要素をまとめている．南面のガラス面は木製の方立に既製品の方立カバーで抑える単純なつくりだが，中央の開閉部のみスチール製とし，FIX部とのジョイントを特に気を付けて処理している．

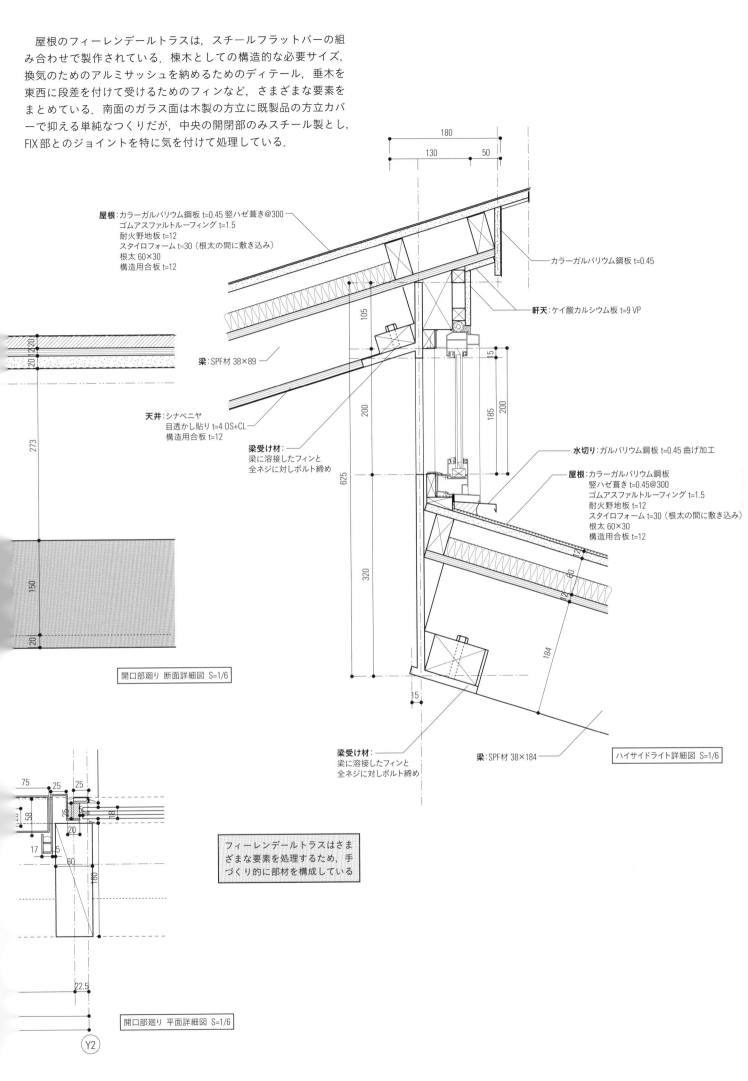

フィーレンデールトラスはさまざまな要素を処理するため，手づくり的に部材を構成している

SUMMARY

相生の家

郊外の閑静な住宅街．大型の愛犬を数匹飼っていて，そのために外部空間をなるべく豊かに構成することとなった．矩形の平面が2層重なる単純な構成だが，南側に大きくバルコニーと庇が張り出している．ここへは外部階段が直結していて，個室群の2階にも縦横に愛犬はやってくることができる．1階のバルコニー下も奥行きの深い縁側的な空間となる．これら庇に覆われた空間をさらに領域として内部に近づけるために，庇とスラブの先端に，地面をつなぐように列柱を設けた．

住空間における移動空間は，名前の与えられた諸室の延長にある活動の場として重要だと考えている．階段室や廊下などがそれにあたるが，ここでは非常に特徴的な階段室と，2階廊下のトップライトが新たな居場所を与えている．階段室は独立した木造の架構で構成され，段板はこの構造から吊られている．トップライトは非常にシンプルな構成で象徴的な風景をつくるとともに，北側の室に自然光を導く．

構造は内部空間から感知できるように

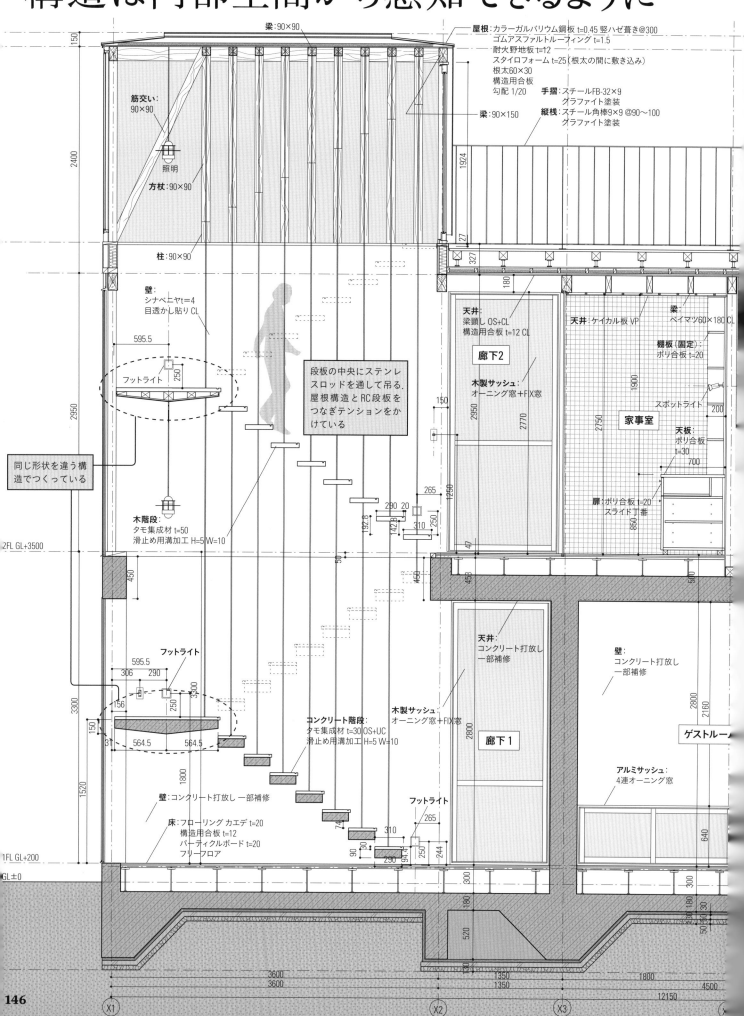

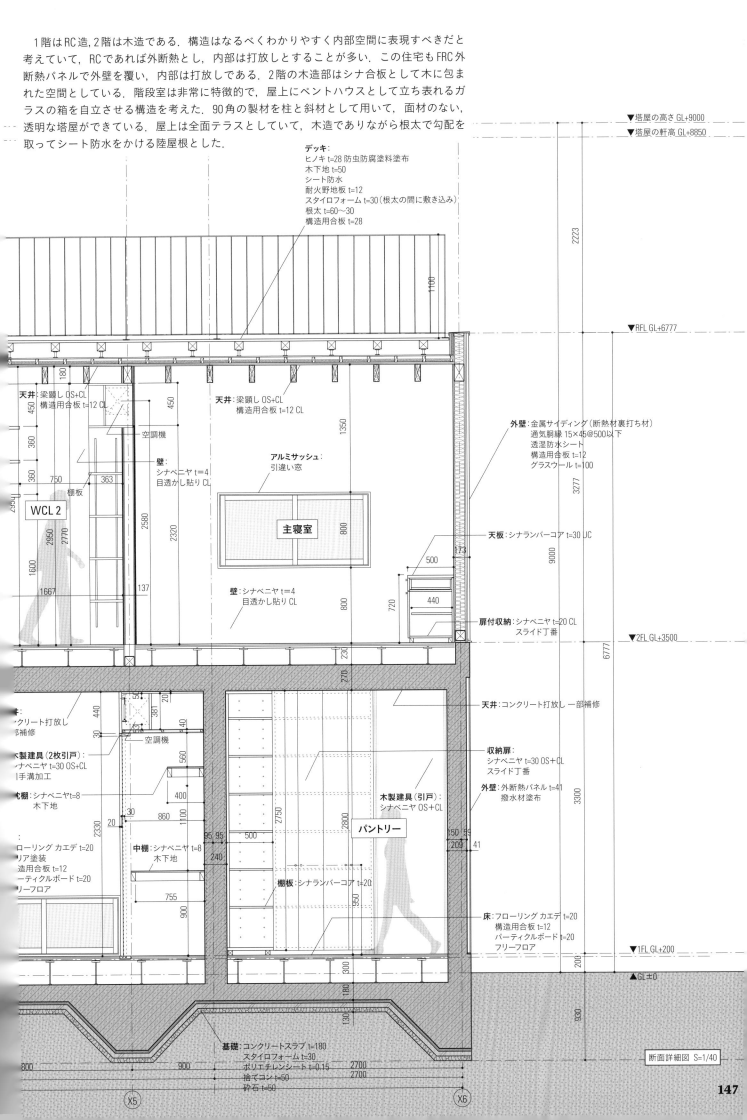

ピンジョイントで軽快に見せる列柱詳細

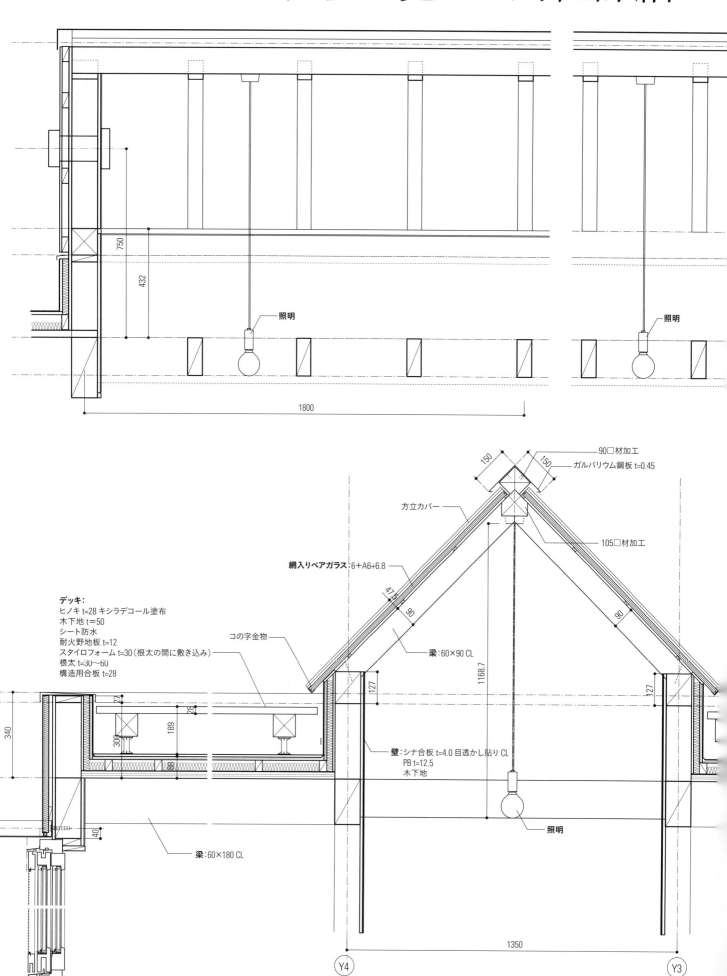

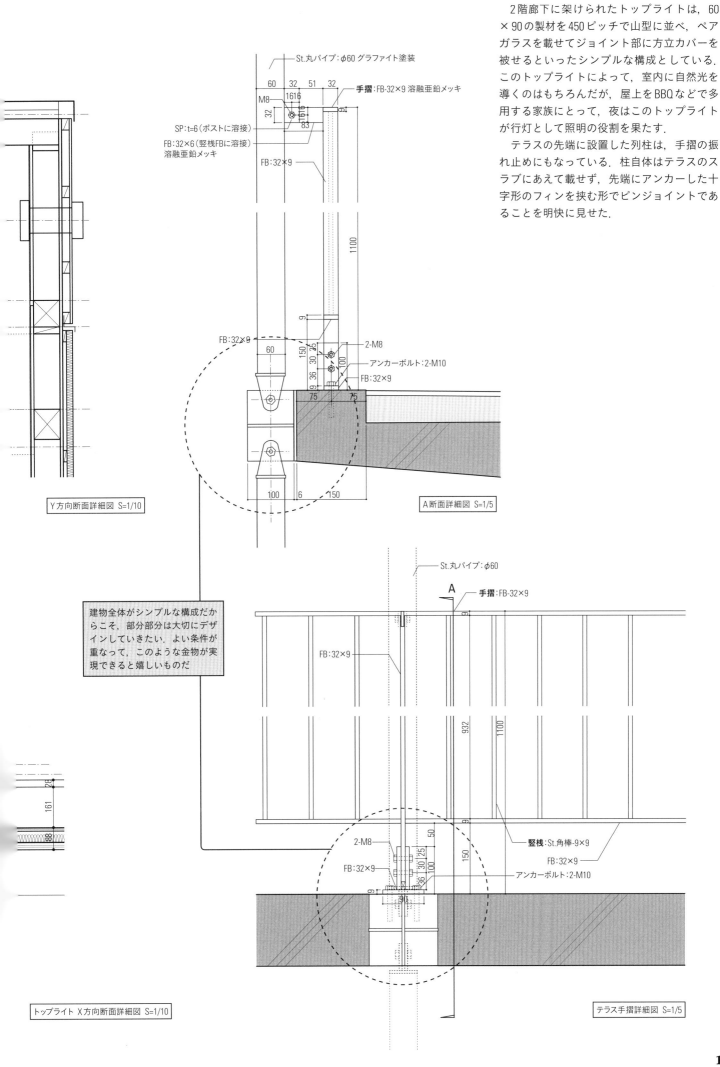

2階廊下に架けられたトップライトは，60×90の製材を450ピッチで山型に並べ，ペアガラスを載せてジョイント部に方立カバーを被せるといったシンプルな構成としている．このトップライトによって，室内に自然光を導くのはもちろんだが，屋上をBBQなどで多用する家族にとって，夜はこのトップライトが行灯として照明の役割を果たす．

テラスの先端に設置した列柱は，手摺の振れ止めにもなっている．柱自体はテラスのスラブにあえて載せず，先端にアンカーした十字形のフィンを挟む形でピンジョイントであることを明快に見せた．

建物全体がシンプルな構成だからこそ，部分部分は大切にデザインしていきたい．よい条件が重なって，このような金物が実現できると嬉しいものだ

SUMMARY

　前面道路よりひな壇上に北側に上っていく敷地で、道路面は平均地盤面より地下扱いとなる。地下にはガレージ、オーディオルーム、ワインセラーなど趣味の部屋が並ぶ。1階には寝室群と書斎などプライバシー性の高い室が並び、2・3階はLDKや浴室や洗面室、ゲストルームなど家族に開かれた室となる。2階にはリビングと木製の全開放折戸で連続するテラス1があり、3階のリビング吹抜けと浴室・洗面室の間に中庭のテラス2がある。1階は半分弱埋まっていて、地面に沈んだ落ち着いた空間となっている。対照的に2階以上は南面を全面的に開口にし、空に向けて開かれた気持のよい空間となっている。

　木造の勾配屋根以外はRCの外断熱工法となる。LDKでは吹抜けを介して、木造の架構とRCの壁の空気が混ざり合う。

　地下から1階の階段はRCの片持ち階段、それ以外は鉄骨の力骨に段板を載せたスケルトン階段である。階段で必ず必要となる手摺は、強化ガラス壁を立てることで代用し、階段そのものが際立つようにした。

諏訪山の家

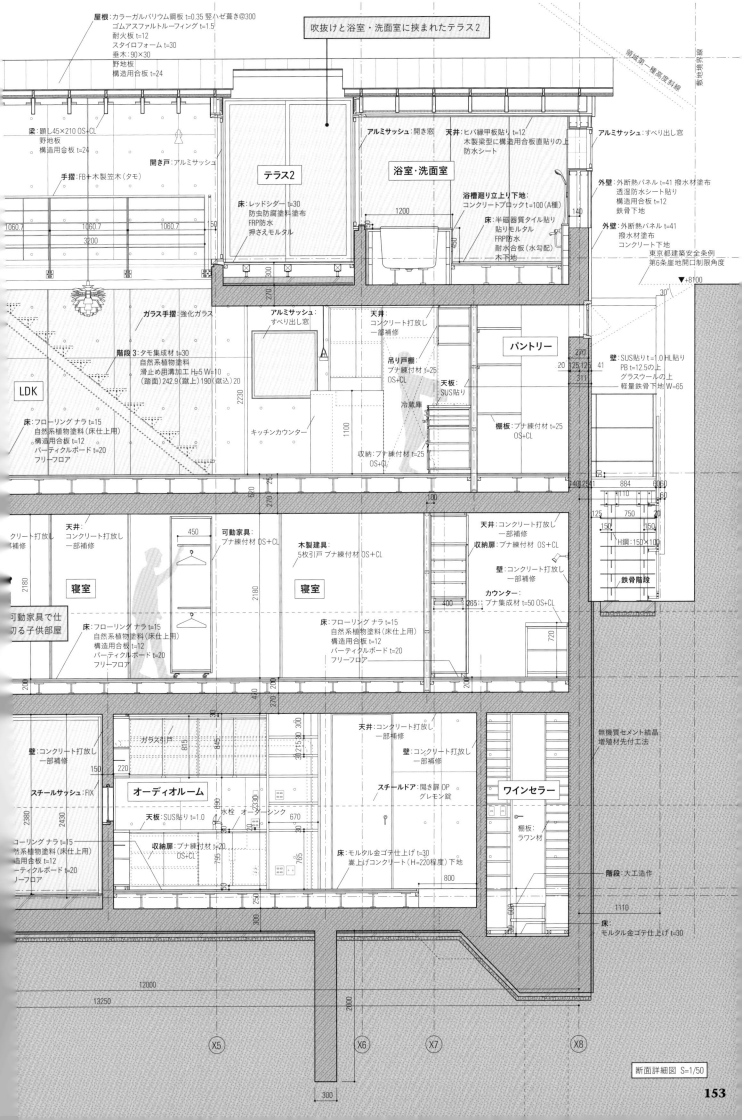

諏訪山の家 SECTION 2

天井高のメリハリによる空間の抑揚

　断面計画において重要だと考えているのが，各階での天井高のメリハリによる空間の抑揚である．

　この住宅の1階は寝室中心なので，2180ミリという非常に低い天井高に設定し，2階リビングの吹抜けには，平均4500ミリを超える非日常的な高さを与えた．さらに，この吹抜けを強調するかのようにブリッジがゲストルームと水廻りエリアをつないでいる．吹抜けにはペンダントライトを垂らすことが多いが，垂直性を強調し高さに対する意識を引き出す効果を期待している．

外観見上げ

ハイサイドライト：
アルミサッシ（一部引違
▼GL+11100

構造の違いを明確に見せるとともに，光や風を導くスリット窓
▼GL+10505（東側躯体）

床：フローリング ナラ t=18
自然系植物塗料（床仕上
構造用合板 t=12
パーティクルボード t=20
フリーフロア
▼3FL GL+8450

階段3：タモ集成材 t=30 OS+C
滑止め用溝加工 H=5

外壁：外断熱パネル
撥水材塗布

床：フローリング ナラ t=18
自然系植物塗料（床仕上
構造用合板 t=12
パーティクルボード t=20
フリーフロア
▼2FL GL+5600

階段2：タモ集成材 t=30 OS+CL
滑止め用溝加工 H=5 W=

アルミサッ

▼GL+3900
▼平均地盤 GL+3767.6

ザイペックス先付工法
無機質セメント結晶増殖材

▼1FL GL+2900

ガラス手摺：
強化ガラス
上下コの字枠支持
飛散防止フィルム貼

▼平均地盤 GL+1200

階段1：
タモ集成材 t=30 OS+
滑止め用溝加工 H=5
コンクリート下地

▼B1FL GL+100
▼GL±0

エレベータ用地下ピッ

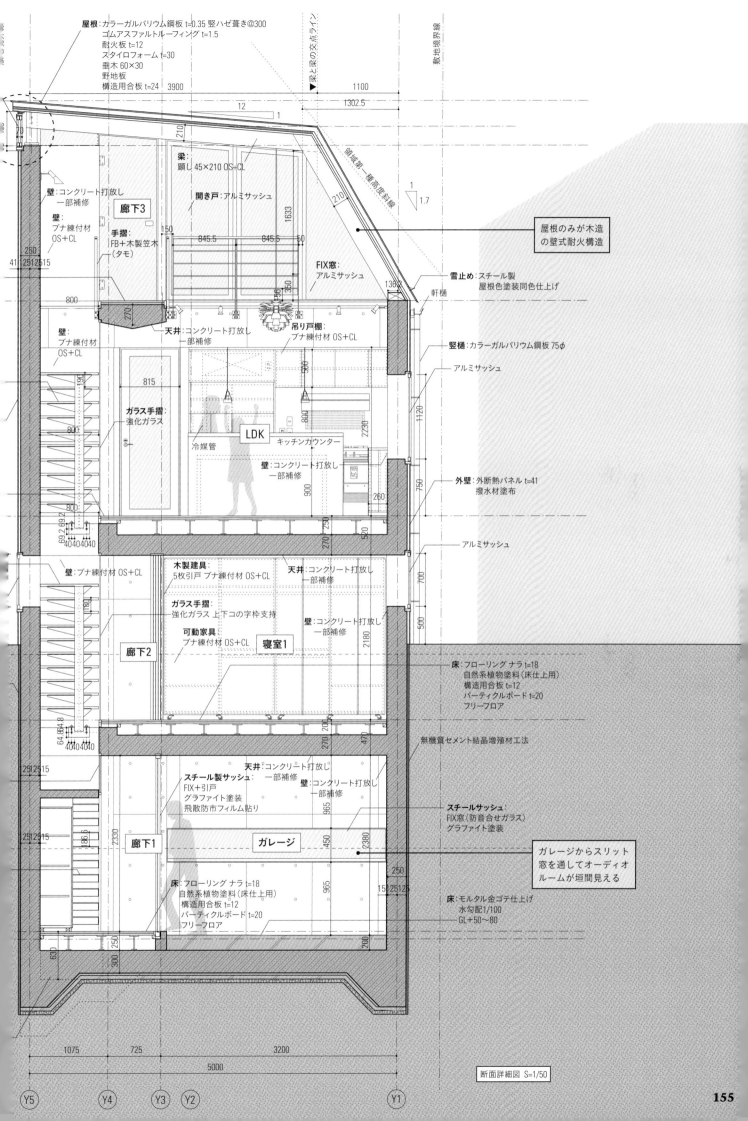
断面詳細図 S=1/50

シンプルな庇と彫刻的な階段

開口部廻りには霧除けの庇を設けた．なるべくシンプルでつくりがわかりやすいように，折っただけの鉄板を壁にボルト留めしている．

4層に渡る階段は，積層された床をつなぎつつ各階で象徴的な場として，生活を彩るよう彫刻的な扱いとしている．1階のRC壁から片持ちで出され，その下に納まる収納家具と相まって，独特な形状となっている．1〜3階は鉄骨力骨に段板が載るが，壁にも段板を支持させたことで，力骨の位置が中心になく，一見不安定な形状に見えるようにしている．

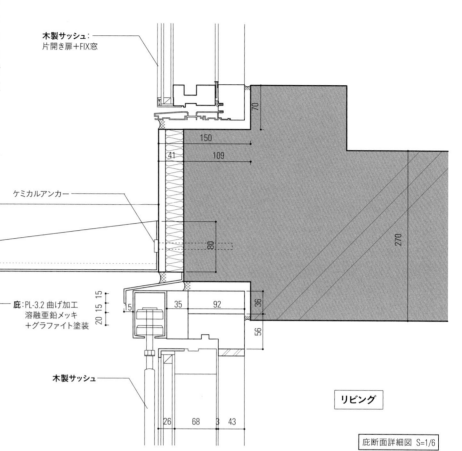

庇断面詳細図 S=1/6

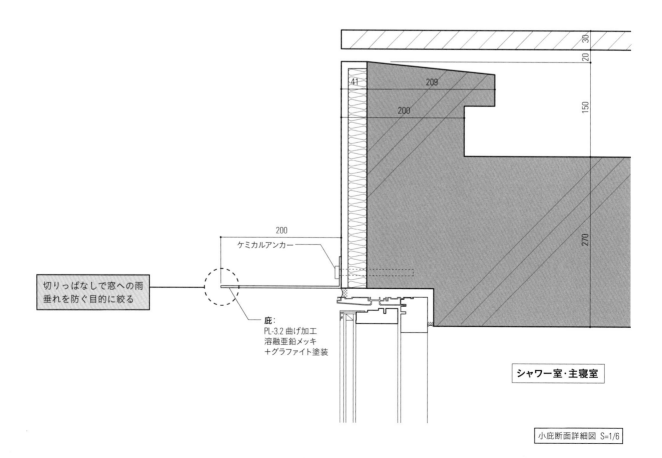

小庇断面詳細図 S=1/6

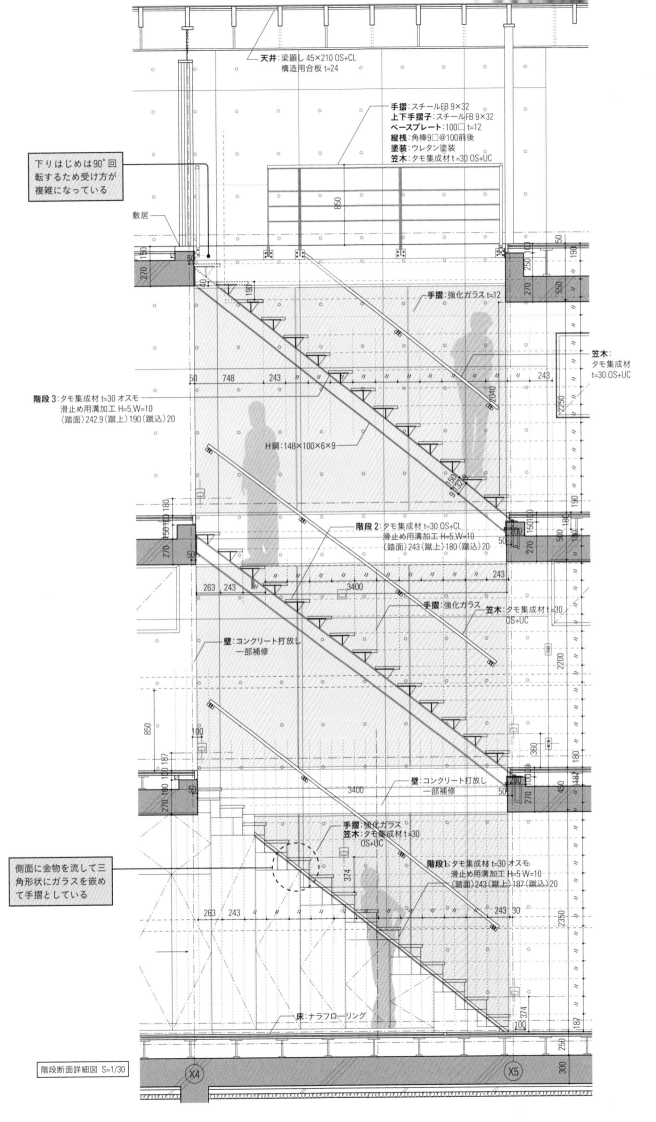

羽根木の木の箱
両国の逆四角錐

RC造住宅

CHAPTER 3

SUMMARY

都心のミニ開発でできた典型的な30坪弱の分譲住宅地．似た形状・仕上げの住宅が並ぶ中で，デザイナーである建て主の魅力的なキャラクターにふさわしい器の設計をめざした．

外形は容積率と北側斜線からほぼ決まってしまう．南に向けて片流れの立方体のボリュームに，仕事場と家族が一体的に過ごせるようなスペースを確保した．ボリュームを左右に分割し，半階ずつずらしてスキップフロアとした．床のズレはそのまま隙間として空気の連続性をもたせているため，必要に応じて引戸を設けているものの，玄関から最上階のリビングまでが一体の空間である．

RCに断熱を貼り，レッドシダーで包んだ外断熱工法である．屋根のみ木造とし，階段を徐々に上がるに連れ，コンクリートの硬質な空間から木に覆われたやわらかな空間へ変わっていく．住宅地の閉塞的な風景の中で，丁寧に眺望の望める要素を抽出し，それに向けて開口部の大きさや位置を決定した．それが外観にリズミカルな印象を与えている．

羽根木

の木の箱

羽根木の木の箱 SECTION 1

七つのレベルをもつスキップフロアと縦に貫く階段の構成

シンプルなボリュームの中に，七つのレベルをもつ床が挿入されている．前面道路から半階降りたところが仕事場の入口となる．住居部分には駐車場から階段室へ直接入る．東西二つに分割したフロアを半階ずつ上がるため，上下階の移動は意識的にも楽になる．同時に空間は各層が向かい合う上下の2層とつながり，相互に常に行為や存在を意識し合う状態となる．階段室はそのつながりを象徴するような存在で，階段そのものも連続性を示すようにデザインされた．特に二つの階段の間に挟まるようにある手摺は，力骨から持ち出すように一つの面にあり，丸パイプでコーナーも丸くし，やわらかく空間が連続していくことに呼応している．

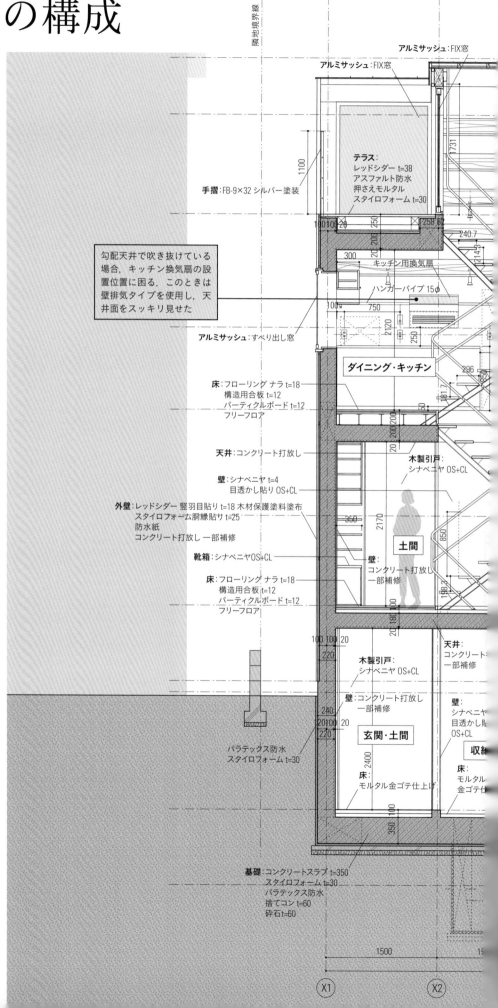

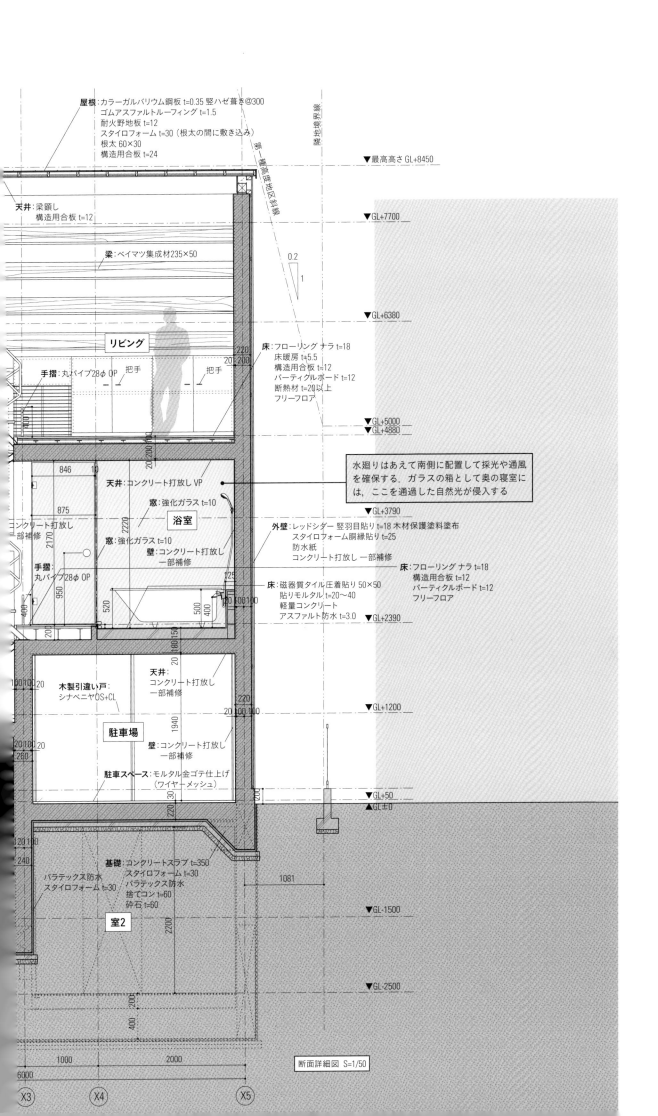

半地下はドライエリアや横連窓から光や風を呼び込む

　半層地下に潜った西側の断面．地上から半層降りたところがオフィスの入口で，この階は玄関・土間のドライエリアや，地面と2階スラブの間に設けた横連窓によって自然光や風を呼び込み，地上との関係を維持している．2階は比較的閉鎖的な個室で，3階はテラス下の抑えられた空間と，勾配に対して直交するように梁が架けられた開放的な木の勾配天井の変化のある空間が混ざり合う．シンプルなボリュームを欠き取った部分がテラスとなり，そこからも光や風が通り抜ける．

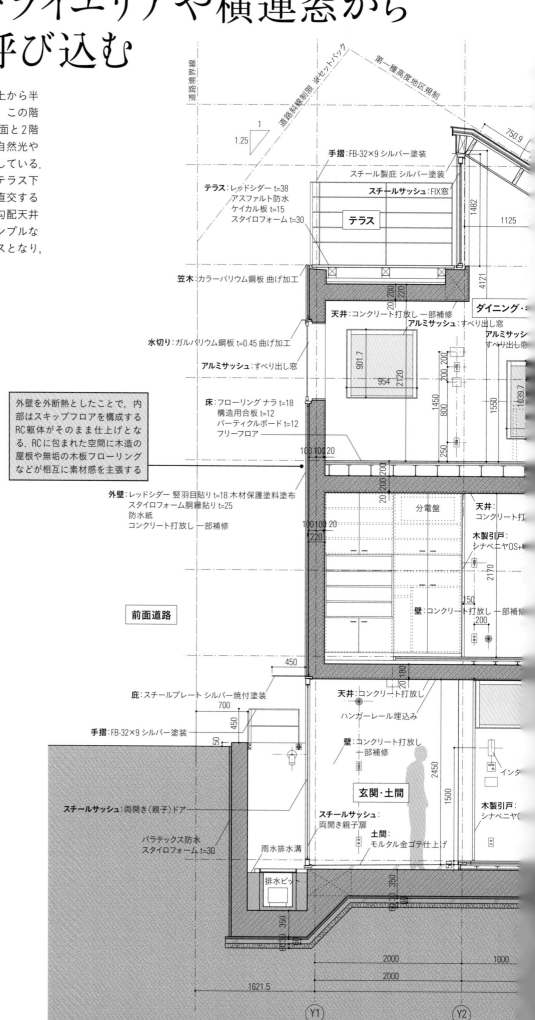

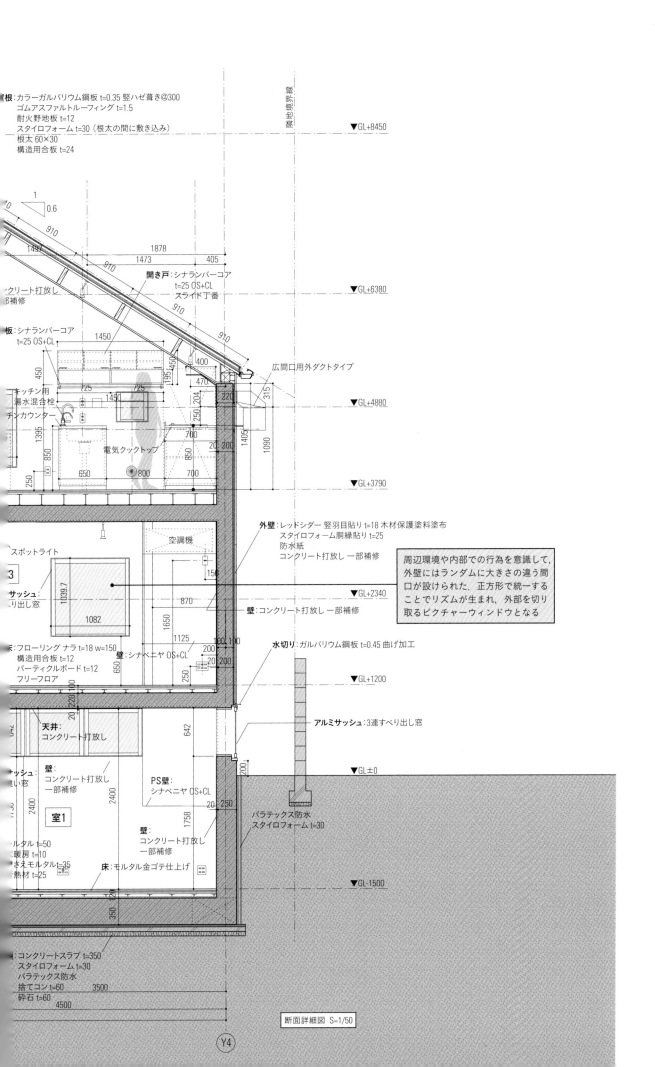

羽根木の木の箱 SECTION 3

景色に開かれた空間の枠廻りは特に気を配る

　駐車場側の断面．オフィス2は完全に地下に沈んだ空間ではあるが，オフィス1とレベル差のギャップでつながっているため，閉塞感はない．むしろオフィスにおいて二つのレベル差のある空間は，用途や目的に応じて使い分けられて使い勝手がよい．

　2階の階段に面する部分はガラス張りの浴室・洗面室である．南側に空けられた窓から入る自然光は，この空間を通じて奥の個室2に侵入する．3階はダイニング・キッチンから半層上がることで，勾配天井をより身近に感じることができる．リビングの南面にはほぼ2メートル角の巨大な縦軸回転窓が設置されている．もっとも空に近く，景色も開かれたこの空間のアルミサッシの納め方には特に気を使っている．

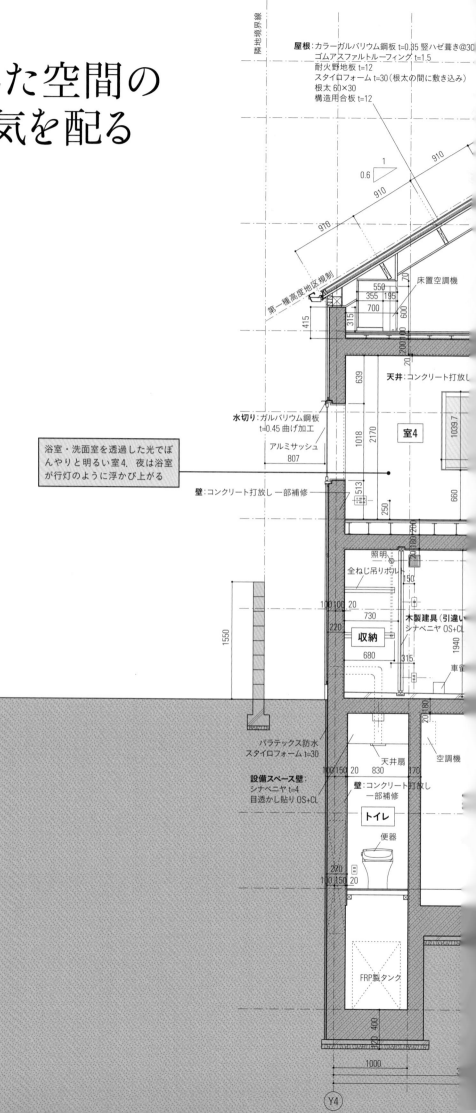

浴室・洗面室を透過した光でぼんやりと明るい室4．夜は浴室が行灯のように浮かび上がる

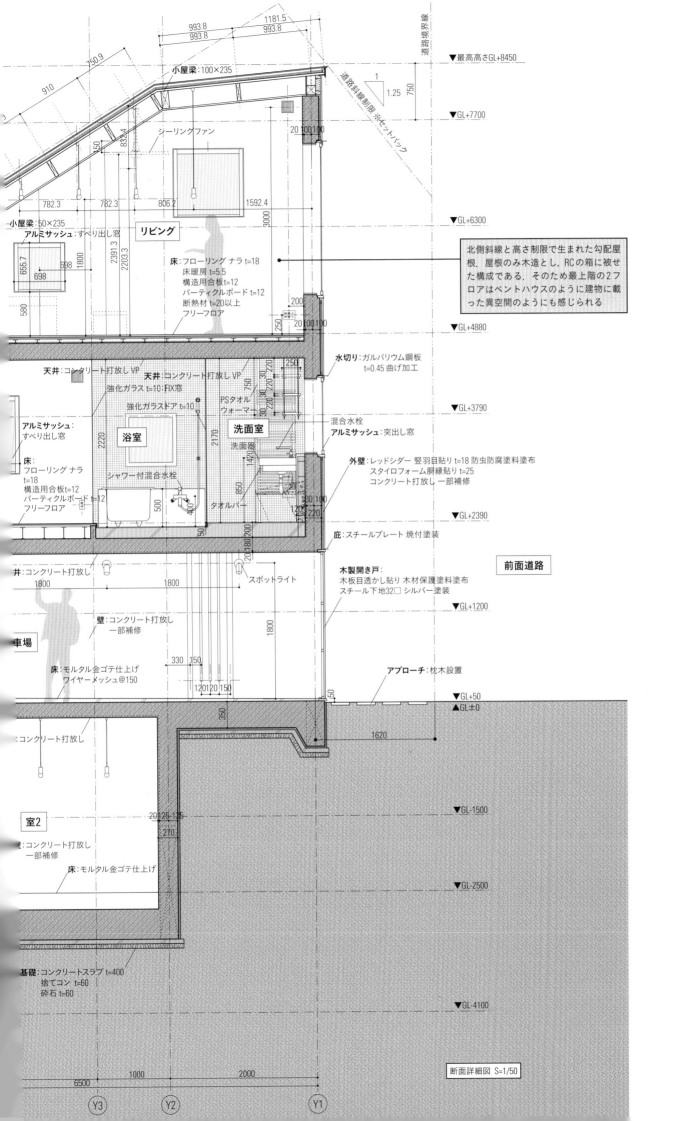

北側斜線と高さ制限で生まれた勾配屋根．屋根のみ木造とし，RCの箱に被せた構成である．そのため最上階の2フロアはペントハウスのように建物に載った異空間のようにも感じられる

断面詳細図 S=1/50

羽根木の木の箱 DETAIL
枠廻りディテールで外観イメージが決まる

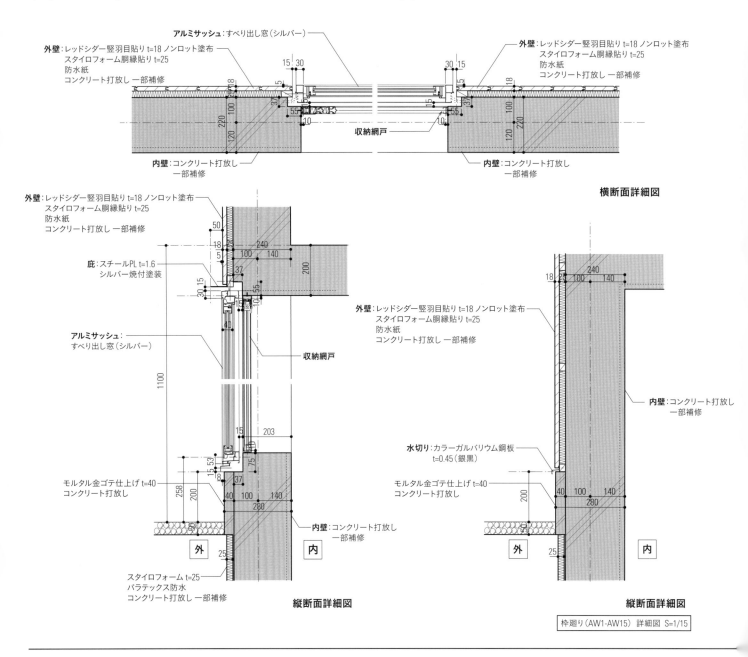

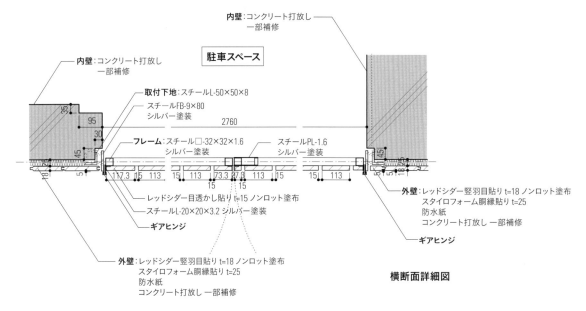

RC造＋外断熱として木板で包んだ外観は，開口部廻りをいかに処理するかでイメージが左右される．この住宅では木の箱としての在り方を強調し，それにランダムに穴が穿たれたイメージとするため，木板は開口部廻りで裁ち落とされたようなイメージを意識した．なるべく余計な役物は使わず，直接サッシと木板の間にシールを処理するなどしている．サッシ上部には霧除けとしてスチールを折り曲げただけの小庇を設けた．

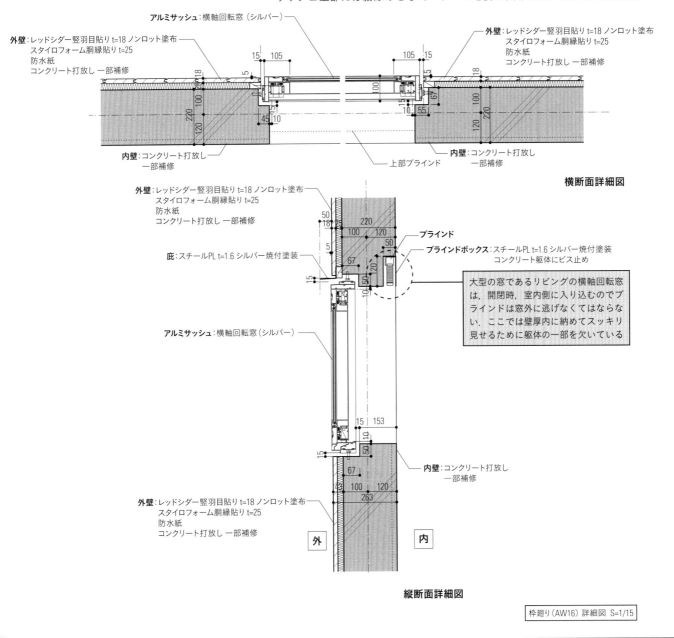

SUMMARY

両国の逆四

角錐

　下町の町家的な短冊状の区画割が残っているものの，広い道路が整備され少し殺伐とした周辺環境である．南側は神社の参道を挟んで5階建ての板状の建物が立ちはだかっている．北側は道路と向かいの建物の裏に運河とその上部には高速道路が空を塞いでいる．このような環境でいかに外部空間と関係づけるのかがこの住宅のテーマだった．

　短冊状の平面で両隣の建物が迫っていると，あまり側面に開口は空けられず，建物中央では自然光や換気は期待できない．そこで，中庭を設けるなどのさまざまな検討を経た結果，建物中央に600角のガラスの筒を挿入することとした．寸法は人が中に入ってメンテナンスできることから割り出されたが，中庭のようにそこが活動の場になることはなく，純粋に雨や雪，空気の流れを包含する外部空間として存在する．

　屋根形状はこの筒に向けてすり鉢状にすぼまっていて，逆四角錐となる．雨を呼び込むとともに自然光が入りやすい形状である．この逆四角錐の四隅には，80角の鉄柱で支持されたハイサイドライトが形成される．2階は3階のテラスの張り出しにより雨がかりのない縁側的外部を，3階は視界をルーバーで調整された内向的なテラスとなっていて，各階の外部との接し方にバリエーションを与えている．

両国の逆四角錐 SECTION 1

建物中央に光筒を挿入した逆四角錐屋根

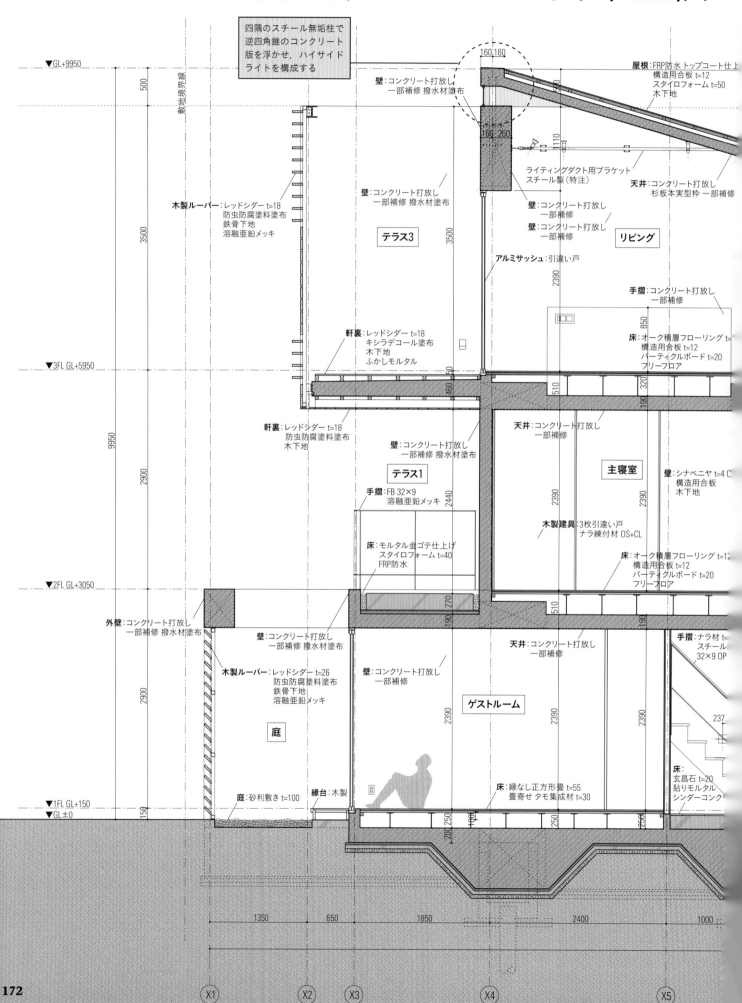

1階は南北に通り抜ける土間をもち，どちらからもアプローチできる．この土間の中央に光筒はあり，日中は照明を付けなくてもぼんやりと行灯のように自然光が感じられる．光筒に設けられている開き戸を開放することで，空気は煙突効果によって筒の中に吸い込まれ，空気の流れを生み出す．2階は南北どちらの外部にも面さない書斎に光筒は貫通する．非常に狭い空間ではあるものの，新たな外部空間との接し方が象徴的に示されている．3階は大きなワンルームのリビング・ダイニングであるが，中央の光筒によってゆるやかに二つの行為空間は分けられている．

断面詳細図 S=1/50

両国の逆四角錐 SECTION 2

杉板本実型枠の天井で光に陰影をつくり出す

　RC造でラーメンのフレームを内部側に表さず，外壁側に偏心させた．それによって，内部は柱梁型のでないスッキリとした空間となり，外部は頑強なフレームが建物の構造を強調する表現となった．

　3階の特徴的な逆四角錐の天井は，RC造でありながら，他の壁や天井と表現を変えて杉板本実型枠とした．ハイサイドライトから流れ落ちて来る自然光は，杉板の表情とともに日々豊かな陰影を見せてくれる．3階の階段室には，空調効果を期待して木製のふさぎ扉を設けている．

短冊状の敷地に建つ

コンクリート打放し天井の表情

▼GL+9950　隣地境界線

壁：コンクリート打放し
　　一部補修
　　撥水材塗布

打放しのピーコンは，面合わせで埋めて極力目立たせない．コンクリートの素材そのものを空間化する

外壁：撥水材塗布
　　　フレキシブルボード t=4
　　　スタイロフォーム t=40
　　　木胴縁
　　　防水シート

▼3FL GL+5950

外壁：撥水材塗布
　　　フレキシブルボード t=4
　　　スタイロフォーム t=40
　　　木胴縁
　　　防水シート

▼2FL GL+3050

柱・梁は外に偏心させ，構造形式を外観のデザインとした

壁：コンクリート打放し
　　一部補修
　　撥水材塗布

外壁：撥水材塗布
　　　フレキシブルボード t=4
　　　スタイロフォーム t=40
　　　木胴縁
　　　防水シート

▼1FL GL+150
▼GL±0

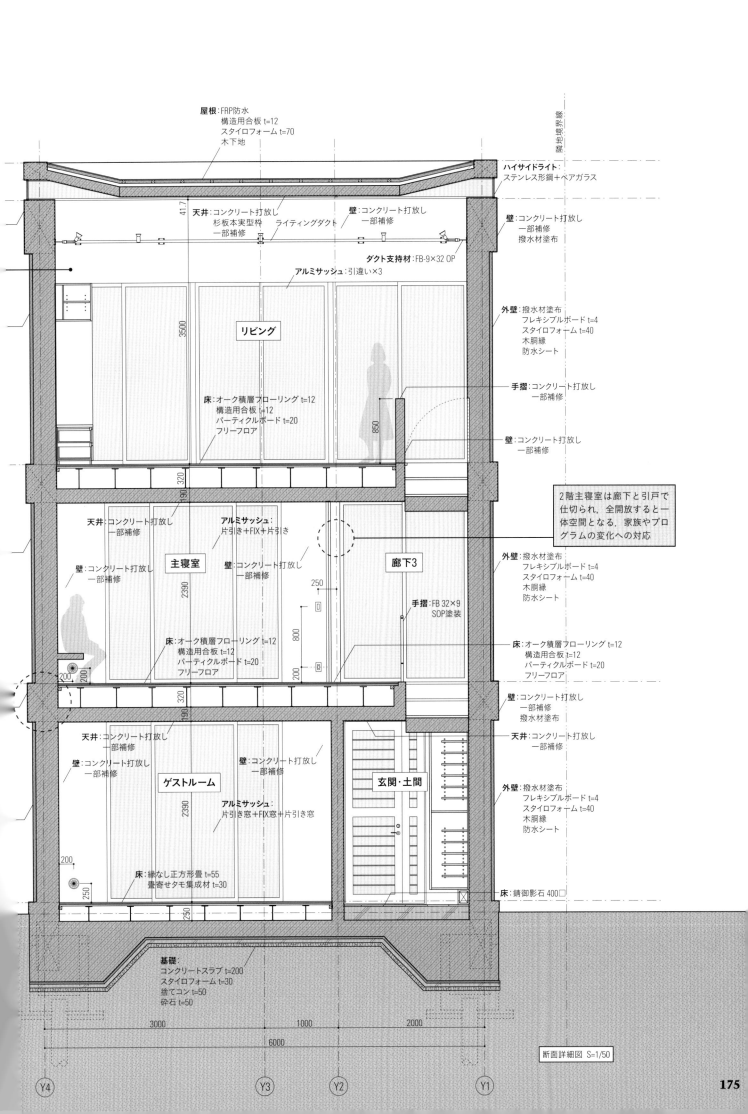

断面詳細図 S=1/50

両国の逆四角錐 DETAIL

使い勝手と空間に合わせた造作キッチン

　既製のキッチンを採用することはほとんどない．空間や建て主の使い勝手に応じて毎回われわれが図面を描き，家具屋に造作してもらう．3階のリビング・ダイニングは，ワンルームでありながら光筒でゆるやかに分かれる構成をしている．素材や扉のプロポーション，使い勝手が建築そのものと呼応し，空間を生み出す．

　アイランド側のキッチンカウンターは，天井からの照明を計画していないため，カウンター上部にアルミのコの字のブリッジを渡し，そこに照明を仕込んで手元の照度を確保した．

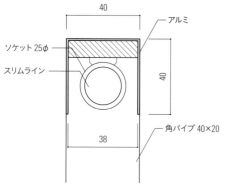

アイランドカウンター　手元照明詳細図　S=1/2

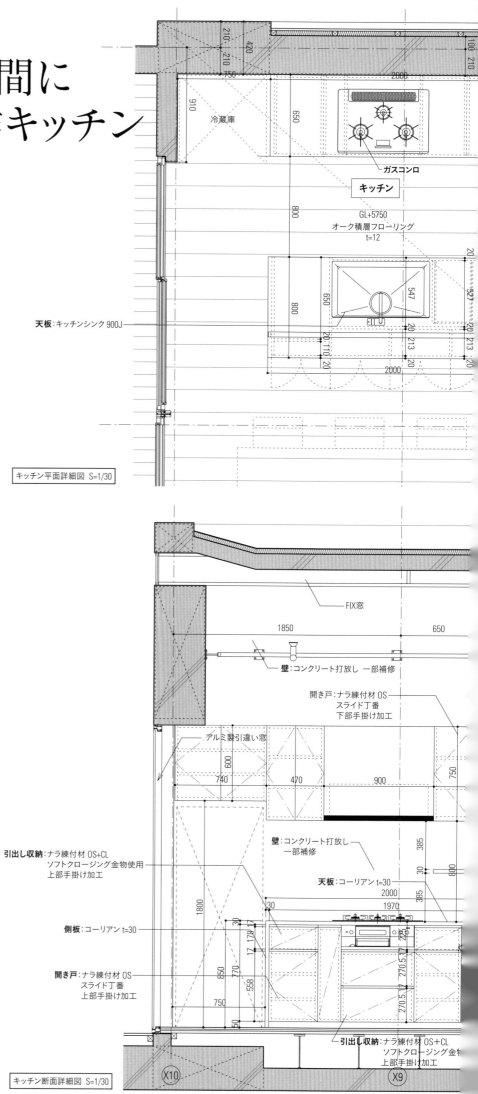

キッチン平面詳細図　S=1/30

キッチン断面詳細図　S=1/30

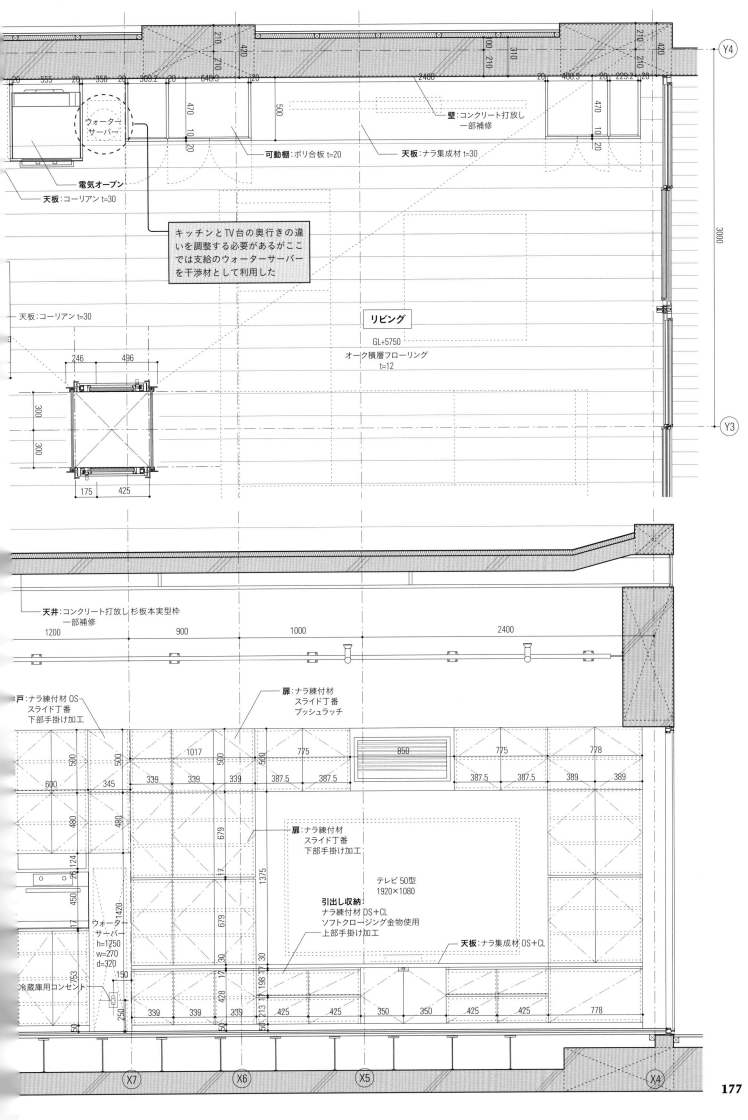

お花茶屋の黒い箱
品川二葉の家

S造住宅

CHAPTER 4

SUMMARY

お花茶

屋の黒い箱

下町の猥雑で温かみのある風景の中に，この地にしっかりとアンカーされる強さを期待して黒い箱を置いた．中央にボリュームを置くことで南と北に庭を形成し，それらをつなぐように通り土間を設けている．南北の庭は建物の幅と連続するようにRCの壁を立て，囲い込むことで安心感のある外部の生活の場としている．南の庭は駐車場も兼ねて芝生を植えた．北の庭にはプライバシー確保も含めて竹を植えた．地盤がそれほどよくなかったためにS造を採用したが，当然仕上げを被せていくため，構造体がS造であることを意識させることが難しい．

この住宅では，鉄骨でかご状の構造形式とし，T型の柱を利用してウェブの間にパネルを挟み込んでいくシステマティックな構法とした．木製建具などサッシュも同様に嵌め込む形で納まりを考えた．外装が構造表現や構法表現で決まっている一方で，内装はやわらかな木の仕上げに包まれた空間としている．

お花茶屋の黒い箱 SECTION 1

敷地中央に配置して南北に庭をつくる

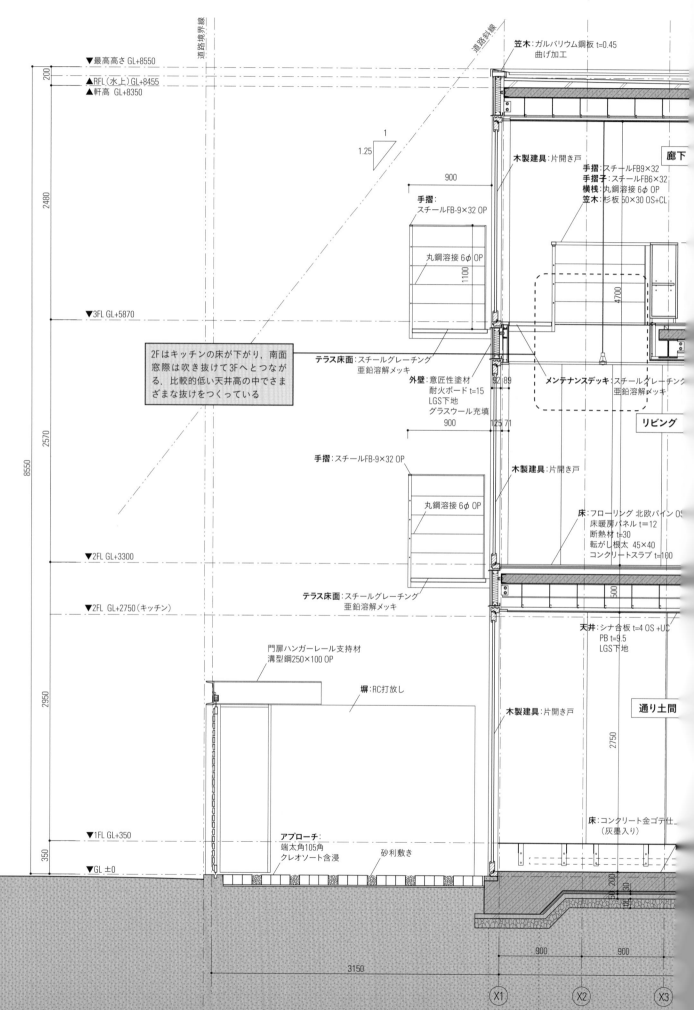

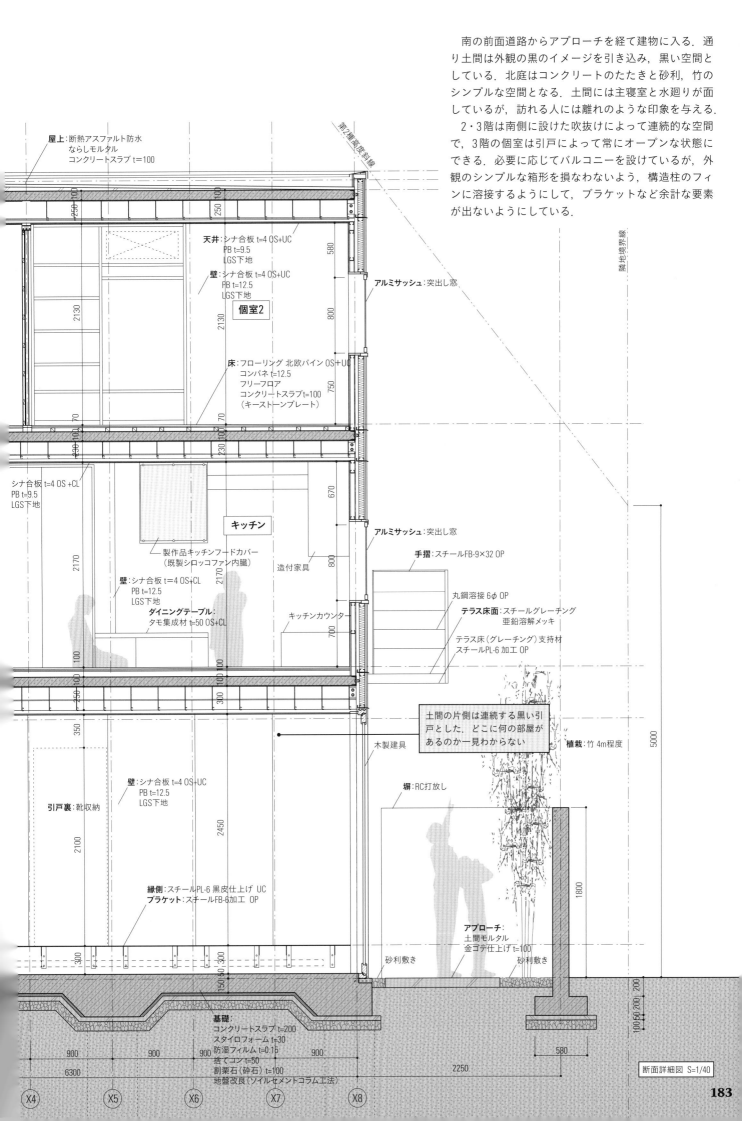

南の前面道路からアプローチを経て建物に入る．通り土間は外観の黒のイメージを引き込み，黒い空間としている．北庭はコンクリートのたたきと砂利，竹のシンプルな空間となる．土間には主寝室と水廻りが面しているが，訪れる人には離れのような印象を与える．

2・3階は南側に設けた吹抜けによって連続的な空間で，3階の個室は引戸によって常にオープンな状態にできる．必要に応じてバルコニーを設けているが，外観のシンプルな箱形を損なわないよう，構造柱のフィンに溶接するようにして，ブラケットなど余計な要素が出ないようにしている．

高さ関係の変化によって落ち着きを与える

お花茶屋の黒い箱 | SECTION 2

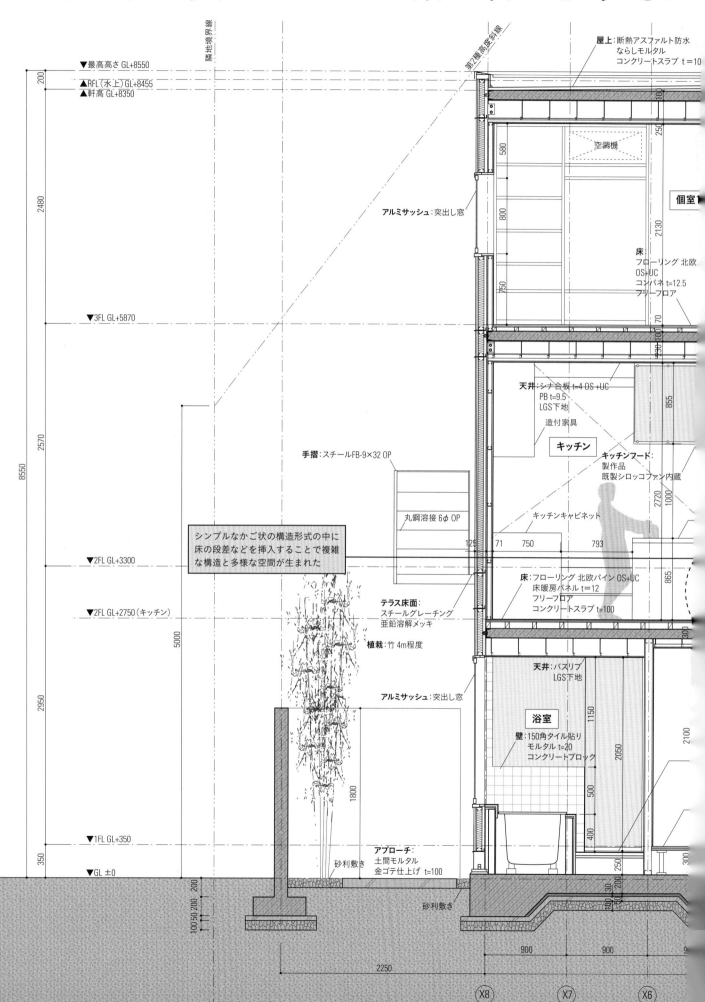

シンプルな箱の内部は，それぞれの行為の特徴，場と場の関係性を考慮して，さまざまな床高や天井高が与えられている．キッチンとリビングの段差は，ダイニングテーブルの周囲に座り，家族で食事をする形式より決定されている．浴室は低い天井で重心を下げることで落ち着きを与え，自然と北庭へ視線がいくようにしている．

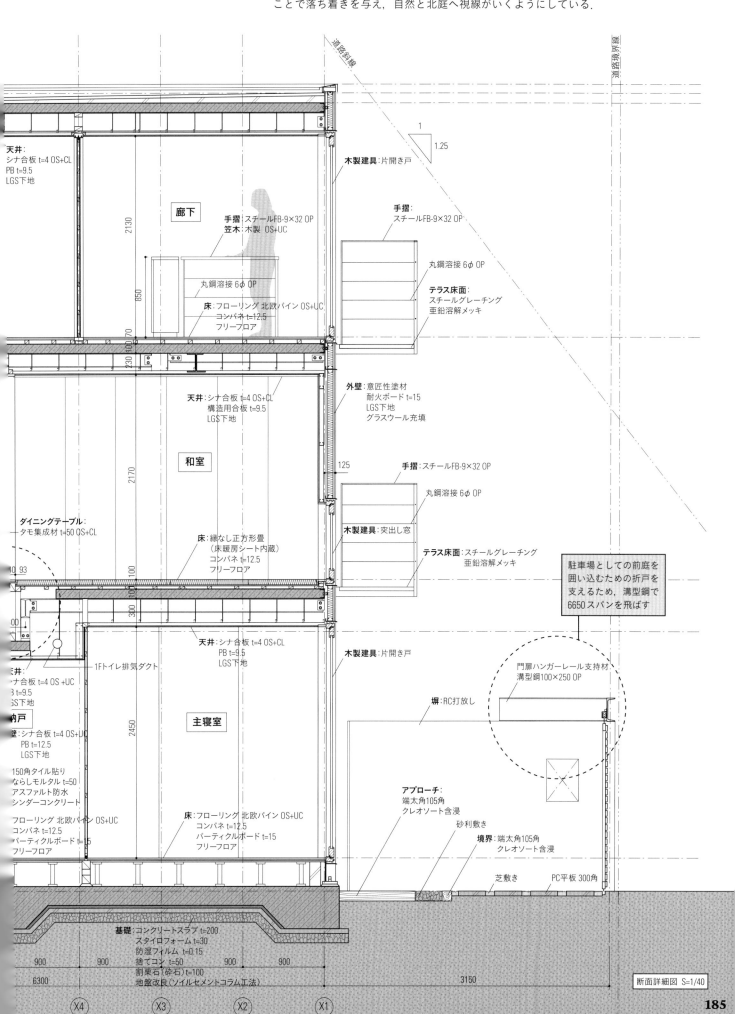

断面詳細図　S=1/40

お花茶屋の黒い箱 / SECTION 3

トラスでつくる立体彫刻のような階段

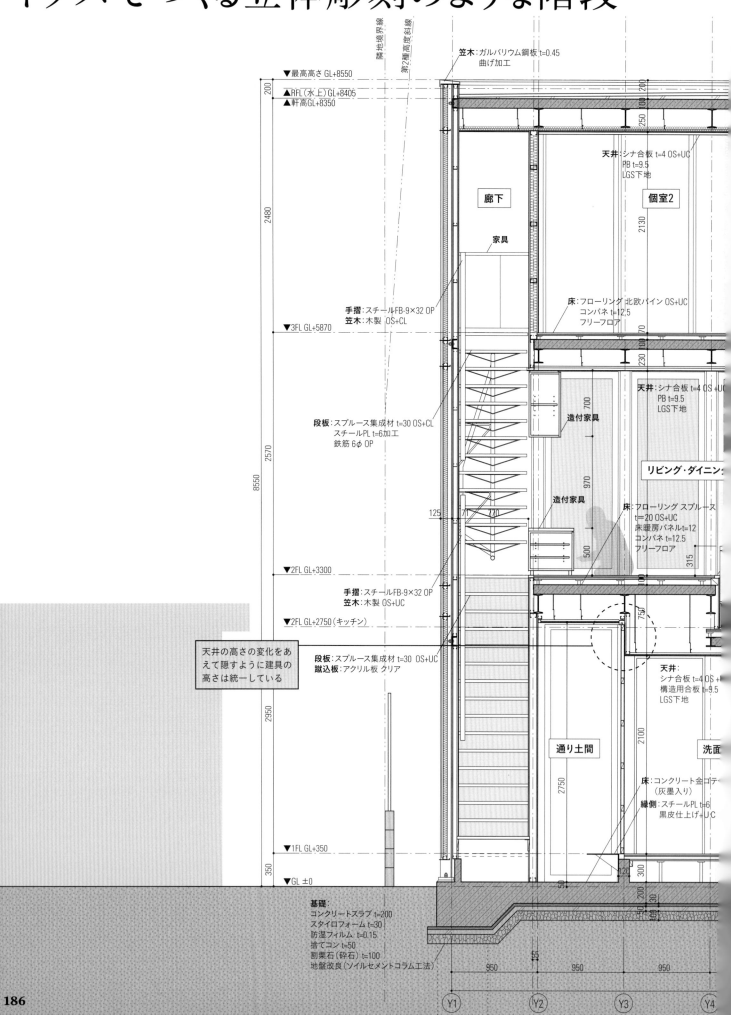

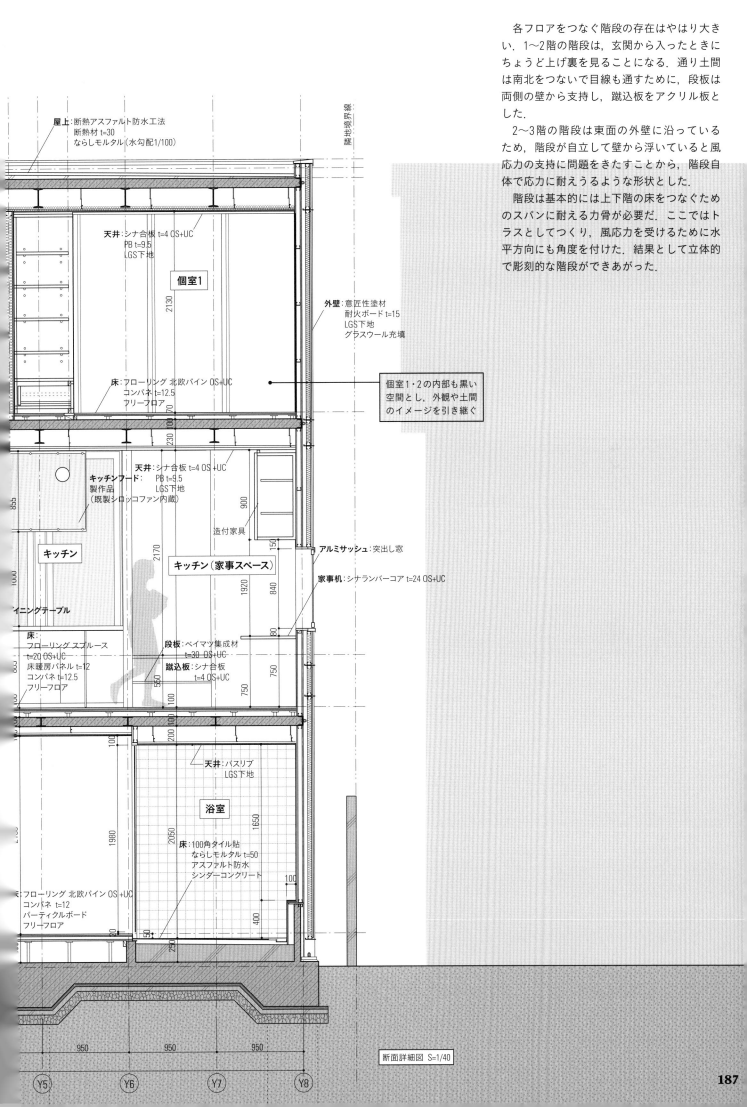

各フロアをつなぐ階段の存在はやはり大きい．1〜2階の階段は，玄関から入ったときにちょうど上げ裏を見ることになる．通り土間は南北をつないで目線も通すために，段板は両側の壁から支持し，蹴込板をアクリル板とした．

2〜3階の階段は東面の外壁に沿っているため，階段が自立して壁から浮いていると風応力の支持に問題をきたすことから，階段自体で応力に耐えうるような形状とした．

階段は基本的には上下階の床をつなぐためのスパンに耐える力骨が必要だ．ここではトラスとしてつくり，風応力を受けるために水平方向にも角度を付けた．結果として立体的で彫刻的な階段ができあがった．

スチールプレートを曲げたつなぎ材は水切りを兼ねる

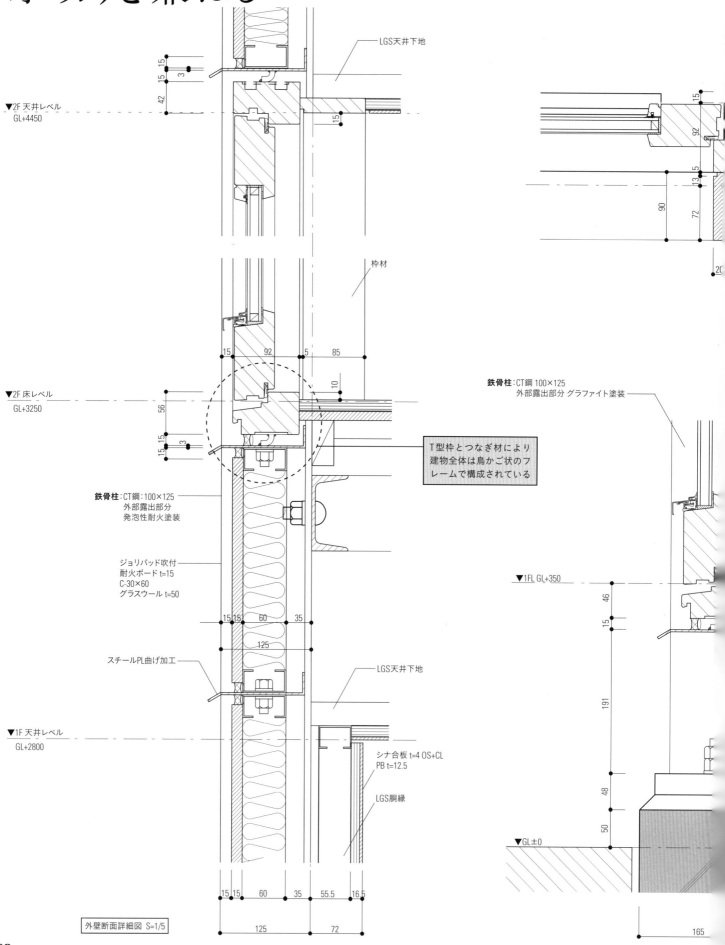

構造である鉄骨柱はT型の断面形で，ここに外壁や建具を嵌め込むシステマティックな納まりを考えた．T型柱の垂直要素に対して，水平要素は水切りを兼ねるつなぎ材で，スチールのプレートを曲げたものである．内装側はシナベニヤの目透かし張りとしている．建具廻りは20ミリの見付の枠を廻し，これに対してシナベニヤはやはり目透かしで，物と物の関係性を明らかにしている．

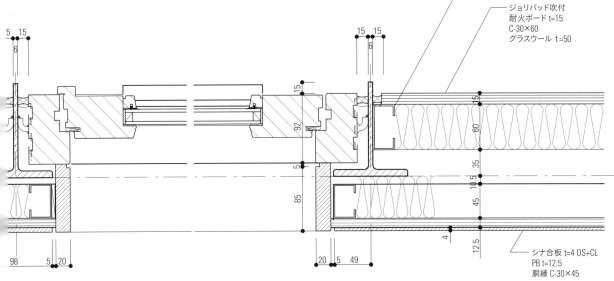

外壁平面詳細図 S=1/5

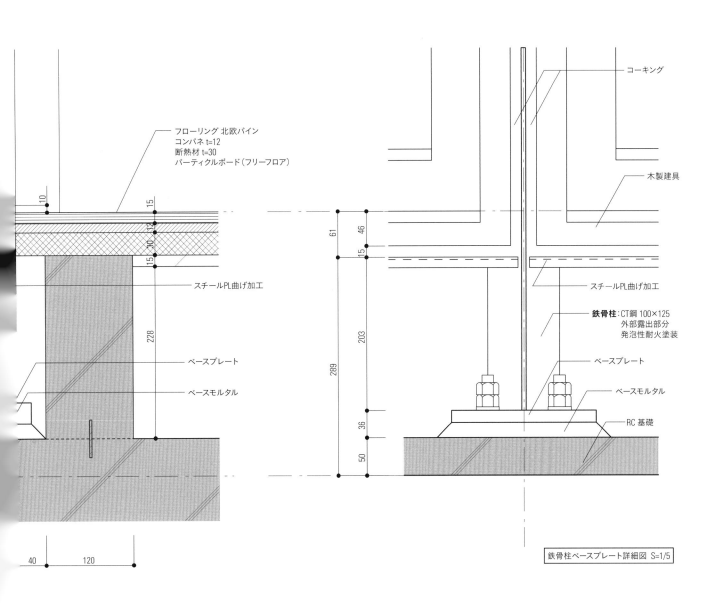

鉄骨柱ベースプレート詳細図 S=1/5

SUMMARY

品川二葉

の家

下町の商店街に面した密集地に建つ住宅．二世帯が住み，1階には親世帯が住む．駐車場を設ける条件から，親世帯は北側の暗くなりがちなスペースに配置されることが半ば前提だった．「このスペースにいかに自然光を導くか」が大きなテーマとなった．

平面的に3層をつなぐ階段を西に寄せ，廊下部分の床をポリカーボネートとして光を透過させれば，屋根にトップライトを設けることで，1階まで自然光は到達するのではないかと考えた．それが建物全体の構成を決めている．外観には四隅の柱や梁のH鋼を露出させ，内部ではトップライトや2・3階のポリカーボネート張りの部分に骨組みを露出させている．建物の構造体を日常生活の中で意識することができ，1階まで届くトップライトによって部屋のつながりを意識させる．屋上は全面デッキ敷きとし，家族のための外部空間を与えている．

各階の天井高を極端に変化させる

各階の天井高さは極端すぎるほどのメリハリを設けることで，生活に変化をもたらすことができる．2階の個室群は最低限の高さとし，3階のリビングになるべく高さを与えられるようにした．3階は南側にテラスを設け，内外部が連続したリビングとなっている．テラス南面のルーバーはスチールグレーチングを用い，H鋼の表現とともに工業的な印象を外観に与えている．

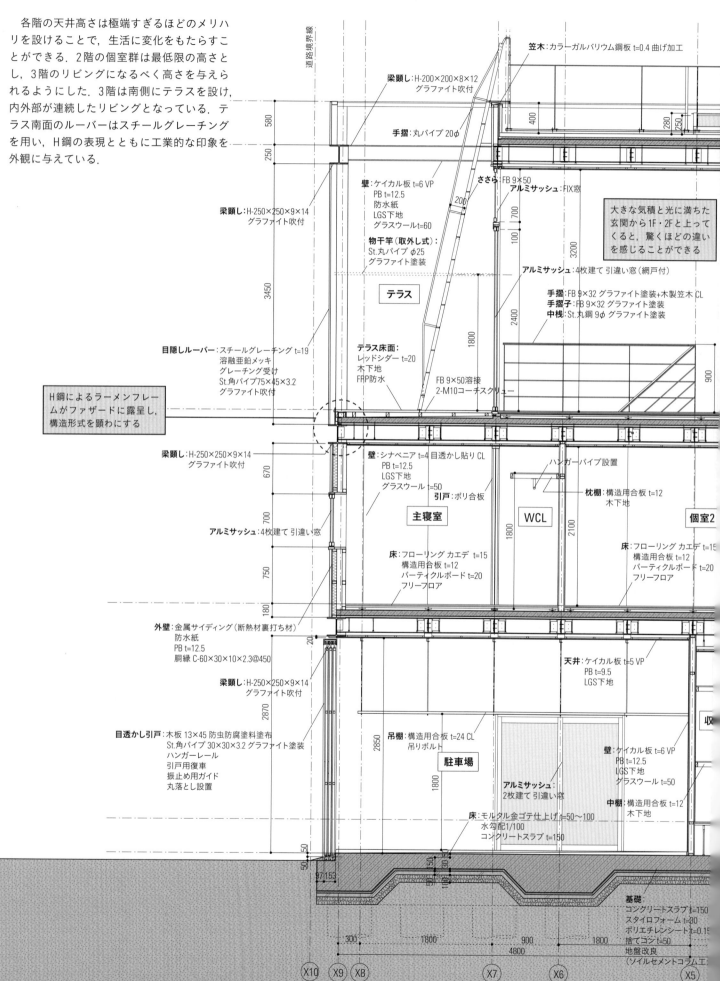

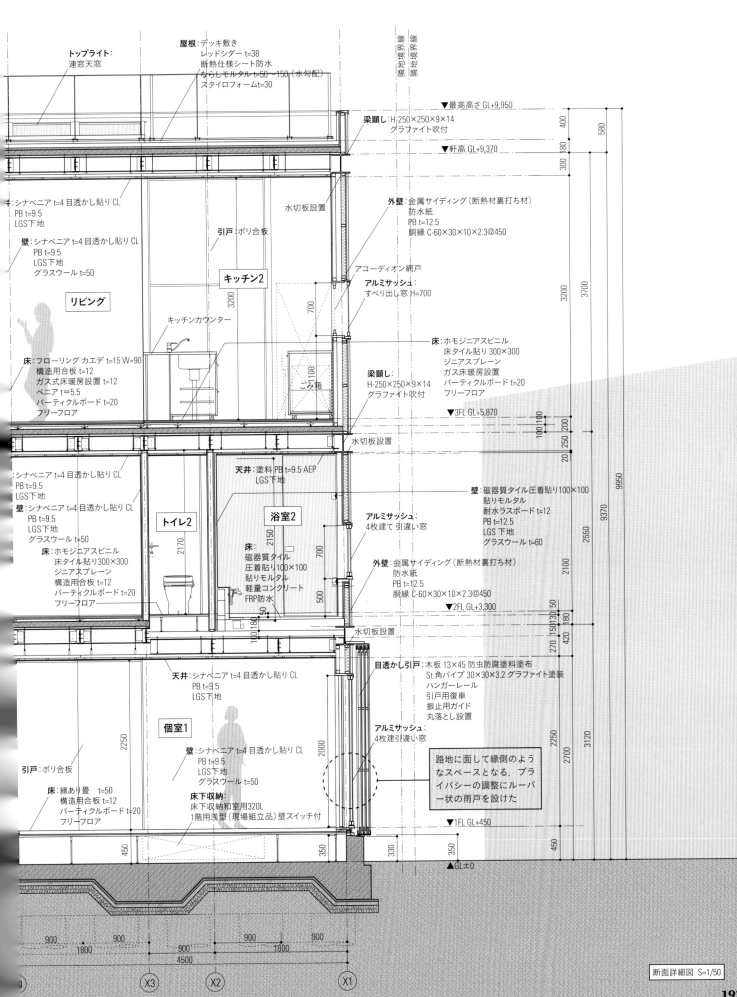

断面詳細図 S=1/50

北側の暗くなりがちな スペースにトップライトを導く

品川二葉の家 SECTION 2

平面を廊下側と居室側に分け，廊下はトップライトからの自然光を透過させる光の空間となる．1階北側に位置する個室Iのキッチン部分には，日中は照明が必要ないくらいの自然光が届く．

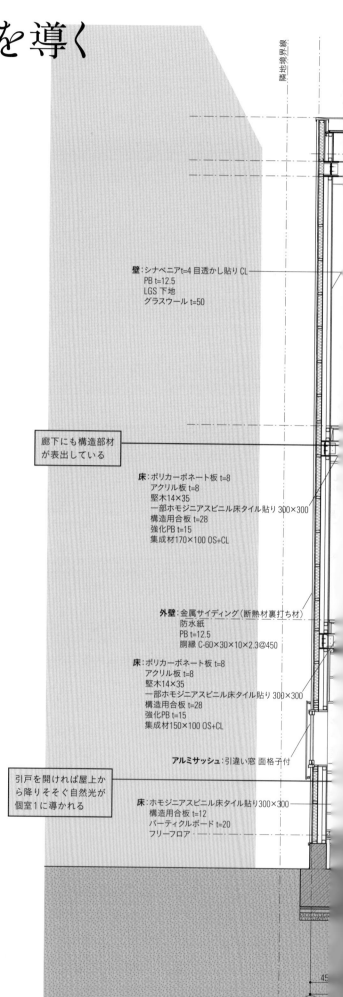

壁：シナベニアt=4 目透かし貼り CL
PB t=12.5
LGS下地
グラスウール t=50

廊下にも構造部材が表出している

床：ポリカーボネート板 t=8
アクリル板 t=8
堅木14×35
一部ホモジニアスビニル床タイル貼り 300×300
構造用合板 t=28
強化PB t=15
集成材170×100 OS+CL

外壁：金属サイディング（断熱材裏打ち材）
防水紙
PB t=12.5
胴縁 C-60×30×10×2.3@450

床：ポリカーボネート板 t=8
アクリル板 t=8
堅木14×35
一部ホモジニアスビニル床タイル貼り 300×300
構造用合板 t=28
強化PB t=15
集成材150×100 OS+CL

アルミサッシ：引違い窓 面格子付

引戸を開ければ屋上から降りそそぐ自然光が個室1に導かれる

床：ホモジニアスビニル床タイル貼り300×300
構造用合板 t=12
パーティクルボード t=20
フリーフロア

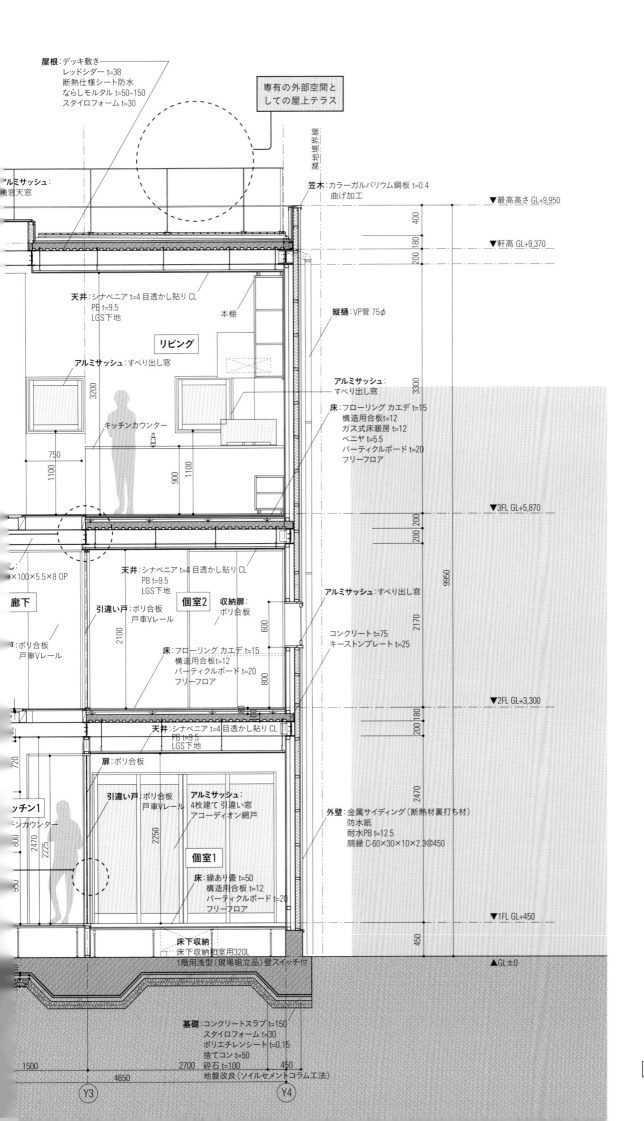

断面詳細図 S=1/50

光を透過させるための床廻りディテール

廊下部分の床の詳細図．通常であれば，構造体の鉄骨が下地や仕上げで包まれているところに，上下階を光でつなぐ役割を与えたことによって，骨組みを露出させたスケルトン状態．そのときに境界の取合いが非常に難しい．H鋼の上に載るデッキプレートや床の成立分の厚さを，木の受け材とポリカーボネートやビニールタイルに置き換え，構造のH鋼とともにスケルトンなつくり方とした．

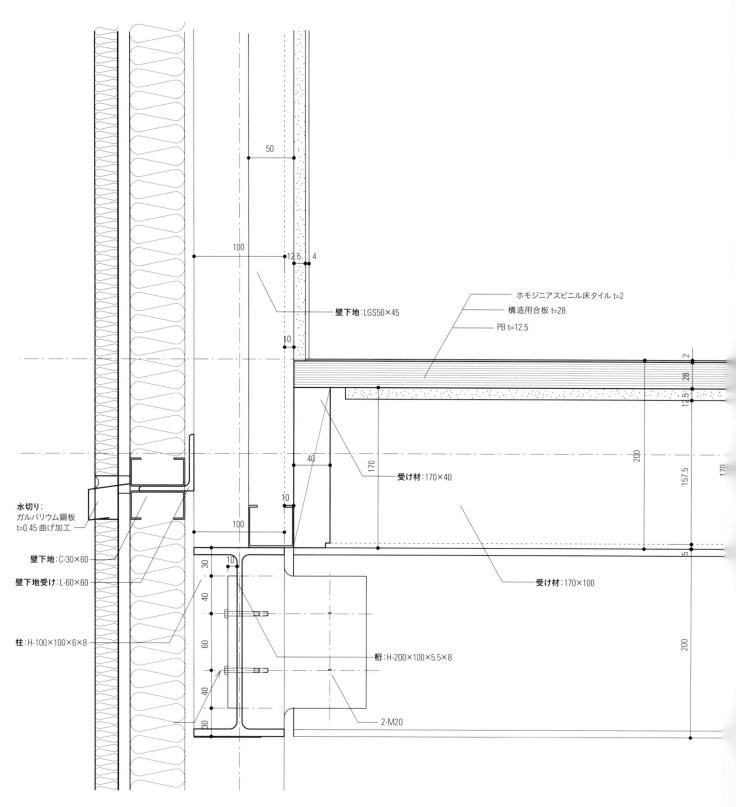

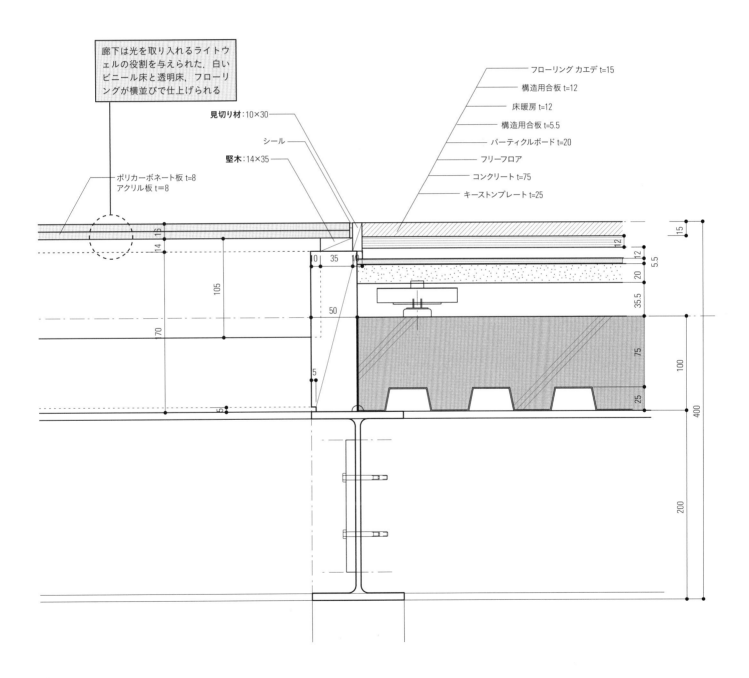

床納まり詳細図 S=1/4

Architectural overview
建築概要

千川の家
竣工：2002年4月
敷地面積：66.03㎡（19.97坪）
建築面積：39.06㎡（11.81坪）
延床面積：85.99㎡（26.01坪）
階数：地上2階＋ロフト
構造：木造
設計・監理：アーキテクトカフェ
　　　　　（田井幹夫，大津彰義）
構造：空間工学研究所（岡村 仁）
施工：前川建設（前川政一）
写真撮影：木田勝久／FOTOTECA

中野大和町の家
竣工：2009年5月
敷地面積：51.53㎡（15.62坪）
建築面積：30.81㎡（9.34坪）
延床面積：85.51㎡（5.91坪）
階数：地上3階
構造：木造
設計・監理：アーキテクトカフェ
　　　　　（田井幹夫，大島明子，長田潤子）
構造：平岡建築構造研究所（平岡伸逸）
施工：泰建設（田川利一）
写真撮影：淺川 敏

秦野の家
竣工：2009年6月
敷地面積：168.32㎡（51.02坪）
建築面積：75.00㎡（22.73坪）
延床面積：133.425㎡（40.43坪）
階数：地上2階
構造：木造
設計・監理：アーキテクトカフェ
　　　　　（田井幹夫，小坂 怜）
構造：LOW FAT structure（横山太郎）
施工：建匠（佐々木良治）
写真撮影：淺川 敏

和賀材木座の家 空の箱
竣工：2010年11月
敷地面積：93.32㎡（28.80坪）
建築面積：55.62㎡（16.85坪）
延床面積：103.14㎡（31.25坪）
階数：地上2階
構造：木造
設計・監理：アーキテクトカフェ
　　　　　（田井幹夫，横山 真）
構造：A.S.Associates（鈴木 啓）
施工：キクシマ（伊藤昭久）
カーテン：安東陽子
写真撮影：淺川 敏

秋谷の家
竣工：2010年11月
敷地面積：93.11㎡（30.28坪）
建築面積：56.70㎡（17.50坪）
延床面積：98.47㎡（29.84坪）
階数：地上2階
構造：木造
設計・監理：アーキテクトカフェ
　　　　　（田井幹夫，横山 真）
構造：A.S.Associates
　　　（鈴木啓，金田泰裕）
施工：キクシマ（堀口 道）
写真撮影：淺川 敏

佐野の大屋根
竣工：2011年4月
敷地面積：232.55㎡（70.47坪）
建築面積：98.79㎡（29.94坪）
延床面積：109.21㎡（33.09坪）
階数：地上2階
構造：木造
設計・監理：アーキテクトカフェ（田井幹夫，
　　　　　田谷昭彦，寺森智哉，山田敬太）
構造：LOW FAT structure
　　　（横山太郎，須藤正尊）
施工：須賀建設（須賀修一）
写真撮影：淺川 敏

狛江の家
竣工：2013年10月
敷地面積：257.90㎡（78.01坪）
建築面積：101.75㎡（30.77坪）
延床面積：154.66㎡（46.78坪）
階数：地上2階
構造：木造
設計・監理：アーキテクトカフェ
　　　　　（田井幹夫，平川 愛）
構造：LOW FAT structure
　　　（横山太郎，須藤正尊）
施工：大広建設（高橋伸）
写真撮影：淺川 敏

上大岡の家
竣工：2013年4月
敷地面積：173.46㎡（52.47坪）
建築面積：127.21㎡（38.48坪）
延床面積：227.52㎡（68.82坪）
階数：地上3階
構造：木造＋RC造
設計・監理：アーキテクトカフェ（田井幹夫，
　　　　　平川 愛，伊藤龍太郎）
構造：宮田構造設計事務所
　　　（宮田雄二郎）
施工：キクシマ（田近俊一）
写真撮影：淺川 敏

材木座の家
竣工：2004年4月
敷地面積：184.29㎡（55.85坪）
建築面積：53.93㎡（16.34坪）
延床面積：105.50㎡（31.83坪）
階数：地上2階
構造：木造＋RC造
設計・監理：アーキテクトカフェ
　　　　　（田井幹夫，伊藤亜希子）
構造：LOW FAT structure（横山太郎）
施工：前川建設（前川政一）
写真撮影：淺川 敏

千歳船橋の家
竣工：2003年7月
敷地面積：104.48㎡（31.66坪）
建築面積：58.32㎡（17.67坪）
延床面積：118.82㎡（36.00坪）
階数：地上2階＋ロフト
構造：木造＋RC造
設計・監理：アーキテクトカフェ
　　　　　（田井幹夫，伊藤亜希子）
構造：LOW FAT structure（横山太郎）
施工：前川建設（前川政一）
写真撮影：木田勝久／FOTOTECA

東小岩の家
竣工：2005年10月
敷地面積：85.96㎡（26.05坪）
建築面積：58.32㎡（17.67坪）
延床面積：116.64㎡（35.34坪）
階数：地上2階
構造：木造＋RC造（一部S造）
設計・監理：アーキテクトカフェ（田井幹夫，
　　　　　佐藤美輝，間々田朋子）
構造：LOW FAT structure
　　　（横山太郎，原田玄）
施工：赤羽建設
　　　（石戸雅朗，上野正治）
写真撮影：木田勝久／FOTOTECA

海老名の家
竣工：2007年12月
敷地面積：81.845㎡（24.8坪）
建築面積：39.69㎡（12坪）
延床面積：132.84㎡（40.3坪）
階数：地上3階
構造：木造＋RC造
設計・監理：アーキテクトカフェ（田井幹夫，
　　　　　間々田朋子，岡田直之）
構造：オーク構造設計
　　　（新谷眞人，加藤太一）
施工：加藤工務店
　　　（加藤良男，村田俊博）
写真撮影：淺川 敏

西荻の家
竣工：2007年3月
敷地面積：115.5㎡（35坪）
建築面積：68.55㎡（20.8坪）
延床面積：107.52㎡（32.6坪）
階数：地上2階
構造：木造＋RC造
設計・監理：アーキテクトカフェ（田井幹夫，
　　　　　山路愛子，岡田直之）
構造：江尻建築構造設計事務所
　　　（江尻憲泰，Pieter Ochelen）
施工：大塚工務店（奥 憲治）
写真撮影：淺川 敏

代々木西原の家
竣工：2008年6月
敷地面積：100.38㎡（30.4坪）
建築面積：65.55㎡（19.8坪）
延床面積：186.38㎡（56.4坪）
階数：地下1階＋地上3階
構造：木造＋RC造
設計・監理：アーキテクトカフェ
　　　　　（田井幹夫，小坂 怜）
構造：LOW FAT structure（横山太郎）
施工：淺川 敏
写真撮影：淺川 敏

甲府の家
竣工：2007年10月
敷地面積：263.22㎡（79.8坪）
建築面積：175.59㎡（53.2坪）
延床面積：302.79㎡（91.8坪）
階数：地上2階
構造：木造＋RC造
設計・監理：アーキテクトカフェ（田井幹夫，
　　　　　間々田朋子，伊藤亜希子）
構造：LOW FAT structure
　　　（横山太郎，加藤由樹子）
施工：樋川工務店（樋川力，河西貞幸）
写真撮影：木田勝久／FOTOTECA

浦和競馬場の家
竣工：2005年7月
敷地面積：152.73㎡（46.28坪）
建築面積：59.27㎡（17.94坪）
延床面積：118.46㎡（35.90坪）
階数：地上2階＋RC造（一部S造）
構造：木造＋RC造（一部S造）
設計・監理：アーキテクトカフェ
　　　　　（田井幹夫，伊藤亜希子）
構造：Arup（金田充弘）
施工：ニート（久保田香二，内藤清尚）
写真撮影：木田勝久／FOTOTECA

相生の家
竣工：2005年12月
敷地面積：420㎡（27.05坪）
建築面積：183.73㎡（55.58坪）
延床面積：295.36㎡（89.35坪）
階数：地上2階＋屋上
構造：木造＋RC造
設計・監理：アーキテクトカフェ（田井幹夫，
　　　　　伊藤亜希子，風間昭宏）
構造：LOW FAT structure（横山太郎）
施工：前川建設（前川 忠）
写真撮影：木田勝久／FOTOTECA

諏訪山の家
竣工：2008年7月
敷地面積：110.43㎡（33.46坪）
建築面積：66.25㎡（20.08坪）
延床面積：218.65㎡（66.26坪）
階数：地下1階，地上3階
構造：木造＋RC造
設計・監理：アーキテクトカフェ
　　　　　（田井幹夫，小坂 怜）
構造：江尻建築構造設計事務所
　　　（江尻憲泰，Pieter Ochelen）
施工：泰建設（田川利一）
写真撮影：淺川 敏

羽根木の木の箱
竣工：2006年7月
敷地面積：72.69㎡（22.0坪）
建築面積：39.00㎡（11.8坪）
延床面積：130.50㎡（39.5坪）
階数：地上3階＋地下1階
構造：木造＋RC造
設計・監理：アーキテクトカフェ
　　　　　（田井幹夫，伊藤亜希子）
構造：江尻建築構造設計事務所
　　　（江尻憲泰，田中哲也）
施工：八生建設（関根和彦，伊藤晃）
写真撮影：木田勝久／FOTOTECA

両国の逆四角錐
竣工：2014年8月
敷地面積：117.18㎡（35.45坪）
建築面積：85.74㎡（25.94坪）
延床面積：184.92㎡（55.93坪）
階数：地上3階
構造：RC造
設計・監理：アーキテクトカフェ（田井幹夫，
　　　　　伊藤龍太郎，簡劭 倫）
構造：ストラクチャード・エンヴァイロンメ
　　　ント（アラン・バーデン，菅田祐子）
施工：前川建設（前川 忠）
写真撮影：淺川 敏

お花茶屋の黒い箱
竣工：2003年3月
敷地面積：100.01㎡（30.25坪）
建築面積：43.60㎡（13.21坪）
延床面積：125.27㎡（37.96坪）
階数：地上3階
構造：S造
設計・監理：アーキテクトカフェ
　　　　　（田井幹夫，因幡 大）
構造：空間工学研究所（桐野康則）
施工：前川建設（前川政一）
写真撮影：新建築社写真部

品川二葉の家
竣工：2005年2月
敷地面積：65.61㎡（19.88坪）
建築面積：49.58㎡（15.02坪）
延床面積：122.55㎡（37.14坪）
階数：地上3階
構造：S造
設計・監理：アーキテクトカフェ
　　　　　（田井幹夫，佐藤美輝）
構造：空間工学研究所（岡村 仁）
施工：前川建設（城田俊之）
写真撮影：木田勝久／FOTOTECA

あとがき

　建築は現在より少し先を見越して未来をつくることで，建築家の恣意や表現に偏ることでは決してない．住宅でいえば，われわれの生きている現在という環境の中で家族や生活の在り方を再考し，こうなるのではないか，こうなるべきではないかという住むための器を提案しているつもりである．平面や断面の中に，それら家族同士の関係性や外部への開かれ方はダイアグラム的に見えてくる．しかし，建築は同時に空間性そのものの在り方への提案でもあると考える．素材や構造がなるべくダイレクトに表出することで，モノの在り方を通して，人間の実存のような部分へ到達したい．そんな両義がつぶさに表れてくるのが断面詳細図なのだろう．今回，22軒の断面詳細図を食い入るように見直して感じたことである．

　この本づくりを通して，さまざまな建築とその図面に対する再認識の機会を与えてくださった，オーム社の三井さんには大変感謝している．半ば流されるようにスタートし，やがてそのタスクの重さに気づき，最後にはご迷惑ばかりおかけして，大変なご負担を強いてしまった．改めて，御礼申し上げたい．

　そして何よりも，本書を手にした読者の方々に，断面詳細図やディテール図にひそむ未来の断片を感じていただければ，それに変わる喜びはありません．

2017年11月

田井幹夫

著者略歴

田井幹夫 たい・みきお

1968	東京生まれ
1990-1991	石原計画設計
1992	横浜国立大学工学部建設学科 建築学コース卒業
1992-1993	ベルラーヘ・インスティテュート・アムステルダム／オランダ在籍
1994-1999	内藤廣建築設計事務所
1999	アーキテクト・カフェ（建築設計事務所）主宰
2004	有限会社 アーキテクトカフェ・田井幹夫建築設計事務所設立
2018	静岡理工科大学 建築学科 准教授（予定）

受賞歴

「甲府の家」
2008年 山梨県建築文化奨励賞受賞
「佐野の大屋根」
2013年 日本建築学会作品選集 選出
「秋谷の家」「和賀材木座の家 空の箱」
2013年 第57回 神奈川建築コンクール住宅部門 優秀賞

アーキテクトカフェ・田井幹夫建築設計事務所
http://www.architect-cafe.com

装幀＋本文デザイン：相馬敬徳（Rafters）

- 本書の内容に関する質問は，オーム社書籍編集局「（書名を明記）」係宛に，書状またはFAX（03-3293-2824），E-mail（shoseki@ohmsha.co.jp）にてお願いします．お受けできる質問は本書で紹介した内容に限らせていただきます．なお，電話での質問にはお答えできませんので，あらかじめご了承ください．
- 万一，落丁・乱丁の場合は，送料当社負担でお取替えいたします．当社販売課宛にお送りください．
- 本書の一部の複写複製を希望される場合は，本書扉裏を参照してください．

JCOPY ＜(社)出版者著作権管理機構 委託出版物＞

精緻なディテール満載
住宅断面詳細図集

平成29年12月25日　第1版第1刷発行

著　者　田井　幹夫
発行者　村上　和夫
発行所　株式会社 オーム社
　　　　郵便番号　101-8460
　　　　東京都千代田区神田錦町3-1
　　　　電話　03(3233)0641(代表)
　　　　URL　http://www.ohmsha.co.jp/

© 田井幹夫 2017

印刷・製本　三美印刷
ISBN978-4-274-22147-7　Printed in Japan

ここに収録されている図面は，すべて原図通りである．